U0114395

謹以本書

敬獻予

百年來為國家
民族拋卻頭顱灑
熱血犧牲奉獻
的黃埔
先烈先賢

博客思出版社

鳳山黃埔舊事

黃奕炳 著

◎中華民國陸軍軍官學校校旗

◎鳳山陸軍軍官學校校門

陸軍軍官學校校旗隊（資料來源：黃埔校史館）

◎陸軍軍官學校校徽

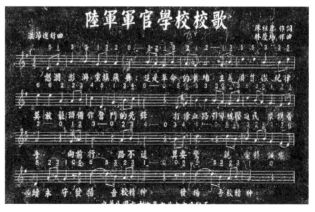

◎陸軍軍官學校校歌，陳祖康作詞，林慶培作曲（資料來源：
　黃埔校史館）。

◎陸軍軍官學校學生部隊分列式

◎早年黃埔校史館，範圍較小，上方懸掛中國國民黨黨
旗，象徵尊重原為國民黨創辦之歷史（資料來源：黃
埔校史館）。

◎陸軍軍官學校黃埔校史館現況（資料來源：陸軍軍官學校臉書專頁）。

◎陸軍軍官學校廣闊的校園，陶鑄學生開潤的胸襟和深邃的眼光。

目次

◎早年鳳山黃埔校區校園景觀

段段黃埔事、代代黃埔心

　　「黃埔」是廣州市東珠江舊河段區域之一座營區，於中華民國 13 年 6 月 16 日陸軍軍官學校創校所在地。當時中華民國雖已建國十餘載，然外有列強覬覦侵略、內有軍閥擁兵自重，種種外患內憂阻滯各項建國大業之推動。國父孫中山先生有感革命事業屢遭頓挫，實因「只有革命黨的奮鬥，而沒有革命軍的奮鬥」使然，所以要建立一所用以培育願意為國家犧牲，不貪財、不怕死幹部的陸軍軍官學校，「用這個學校的學生做根本、做骨幹，成立革命軍，將革命的事業重新來創造……。」正因創校的目的、目標明確清晰，而後各期黃埔師生，更以「愛國家，愛百姓，不貪財，不怕死」的具體實踐，以小我之生命開闢並延續了中華民國悠遠之國祚，「黃埔」終為國家安全、社會安定、民心安穩之象徵，相信我們仍能勇敢面對一次次的橫逆，讓黃埔子弟絕不負國人所託，毅然決然成為國家安全的永恆屏障。

　　民國 60 年我國退出聯合國、61 年日本與我國斷交，加以美國與中共關係走向正常化，更使國家陷入孤立之困境；當時，從軍報國是許多熱血青年憤慨國家艱困處境之餘，做出最直接報效國家的抉擇；我與奕炳同學就是在這樣的大環境下結識，一年級同被編到學一營第

三連，相互扶持度過最難熬的新生年，讓我們從同學、戰友到摯友。懵懂的年紀與滿腔的抱負相互激盪成為「黃埔人」，而鳳山陸軍軍官學校正是將我們這群未經雕琢的青年，淬鍊成具備「犧牲、團結、負責」黃埔精神的軍人實際場域。

領略奕炳同學的文章，思緒被牽引到 50 年前，雖感嘆我們確曾擁有的年輕歲月竟已流逝，但更加感應到黃埔心所引領的行為舉止仍然在躍動！書中提到我們在新生年就代表參加各軍種軍校生的體能戰技驗測，絕對是畢生難忘的經驗，背負著全校榮譽與「不能輸」的壓力，可想而知訓練過程的嚴苛，對新生來說更是何等的沉重負荷。陳連長以身教帶領我們不輕言放棄的態度，呼應著經國先生曾勗勉「我們是為勝利而生的」期許，這種作為對一年級新生而言，的確能激起一股力量與啟發，所以我到目前仍時常勉勵同仁「沒有不可用的僚屬，但有不指導的長官」，強調的就是身為幹部，帶領及指導所屬的責任心與指揮道德；更是在我們畢業後，歷練各種不同的職務當中，始終堅信：「軍人肩負保衛國家安全的重任，怎可輕易放棄或是認輸！」的一股毅力。

今年，黃埔創校已屆百年，奕炳同學以熱情誠摯之心，完成「鳳山黃埔舊事」，更格外彰顯意義。百年來不同世代的黃埔人，都用生命與熱血寫下熠熠輝煌的黃埔故事，每一則鳳山黃埔「舊」事，歷久而彌新、彌足而珍貴，塵封卻不曾或忘的記憶，都是所有黃埔人縈繞腦海的「心」事。或許故事主角不同、場景更迭迥異，不變的卻是世世代代黃埔人對國家的忠誠與對職責的堅定。

我要再次感謝奕炳同學的邀請為其著作寫序，何其榮幸！我也要藉這個機會向黃埔前輩表達最崇高的敬意；黃埔能永續傳揚，憑藉的是前輩們「攜著手，向前行」的努力，才使後輩子弟感應到「路不遠，莫要驚」，共同譜出一段段「親愛精誠，繼續永守」的真情樂章。慶幸自己是其中一員，從民國 61 年 8 月 23 日踏過化龍橋走進鳳山黃埔北營區入伍那天開始，就更注定成為一世的黃埔人，承載著「黃埔心、黃埔情」努力前進，這不但是使命，更是榮耀，發揚吾校精神、發揚吾校精神……。

國防部部長　邱國正　上將

黃埔精神在鳳山陸軍官校的體現

　　與奕炳相識多年，過去在軍職服役期間，時有公務往返，或許是源於在金門戰地成長的背景，與之相處，自能感染一股堅毅不拔的性格，遇事只要經評估判斷是正確的決策，他總是堅持不懈，發揮不屈不撓的精神，終底於成。這也是本人出任中央軍事院校校友總會理事長乙職後，立即敦請奕炳擔任副理事長，協助服務校友及推展會務最主要的原因。事實證明，二年多的時間，奕炳積極參與總會舉辦的各項活動，對於校友慰訪聯繫、袍澤權益爭取、退軍社團交流等事務，尤竭盡心力，多所建樹。當初的延攬迄今倒有了「慧眼識英雄」的自得與慶幸！

　　奕炳畢業於陸軍官校 45 期，卓越勤勉，學富五車，是軍中極受敬重的儒將，除歷練國防部常務次長、十軍團指揮官、陸軍副司令及首任總督察長等各項要職，擁有深厚的軍事素養之外，特別值得一提的是，他自任陸軍官校學生指揮部指揮官以來，陸續接任陸軍高中校長、國防大學教育長，以及陸軍步校校長等職務，對國軍人才培育不遺餘力，於國軍軍士官養成教育也自有一番獨到見解。故本書他不僅匡正教育與訓練互為體用的區別性與一致性，尤指出「建軍備戰的根本在

教育」，字裡行間，流露對國軍部隊的愛之深、責之切，至盼軍事教育從紮根做起的危言讜論，令人動容。

細數奕炳的求學歷程，除軍事學資完整外，更先後取得政戰學校，台灣大學雙碩士，銘傳大學中文系博士學位，現為銘傳大學兼任助理教授，執教多年，筆耕不輟，作育無數英才，亦積極投入金門戰地歷史遺跡的保存運動。他是一位軍事專家、作家、教育家、文史工作者，試想，一位革命軍人是如何自我修煉，而能成就如此斜槓的人生履歷？展讀本書或可見端倪。透過奕炳對鳳山黃埔的憶往，足見陸軍官校師長的身影、甚至一草一木，經他心領神會、敏銳體察，竟都成為滋養茁壯的人生哲理，從而形塑忠誠、勇毅的軍人特質，也因為奕炳的細膩與慷慨，深得長官信任與部屬信賴，這對一位奉獻軍旅逾四十載的軍人而言，誠屬不易。

本書所呈現的人物栩栩如生，無論官階高低、職位各異，每一位都是黃埔的典型，一言一行，深深銘刻在奕炳的心中，足堪表率。奕炳分享所思所感，有歡笑、也有苦澀，有溫暖、也有血淚，刻劃了黃埔群像，令同儕追憶，後學得以見賢思齊，是至為珍貴的人生體驗。此外，陸軍官校、周邊訓練場地的樹木之多，遠近馳名，且看奕炳如何娓娓訴說每一個「樹的故事」，從種樹、談到建軍、再擴及治國平天下，賦予鳳山之樹全新的生命意涵。

一樁樁一件件鳳山黃埔舊事細細讀來，我心緒激盪，尤其有感的是奕炳以學指部指揮官的身份在官校禁閉室待了一晚，是對自我的高標準要求，也是對犯錯學生的惋惜與惕勵，誠感動於黃埔子弟以榮譽為信念的堅持，更深體培養國軍人才實乃百年樹人基業。今逢歡慶黃

埔建軍建校百年前夕，欣得奕炳共襄盛舉，出版此本妙筆生花的精彩選輯，為鳳山黃埔補綴了許多精彩別史；至祈黃埔後進繼志承烈，接棒薪傳，將犧牲、團結、負責的精神發揚光大，再譜黃埔下一個百年的榮耀篇章。

中華民國中央軍事院校校友總會理事長 彭進明 上將

此生永爲黃埔人

　　我是一個年近百歲的退伍老兵，參加過對日抗戰和勘亂戰爭。隨軍來臺後，一直任職於反共救國軍海上突擊大隊，率領弟兄，在外、離島向大陸共軍進行突擊的祕密任務，十餘年間，出生入死，抱持隨時為國家犧牲的決心。

　　民國五十五年（1966），老長官張立夫將軍調任陸軍官校校長，徵調我到校服務。個人懍於不孝有三，無後為大，且感於年歲漸長，必須安定成家，乃告別長期與敵人、海浪艱苦搏鬥的歲月，投入黃埔作育英才的工作，也開啟了我與鳳山黃埔超過五十年的情緣。

　　回到官校，經過友人介紹，與樸實忠厚的客家女子黃玉蓮女士成婚，她的溫潤善良、勤儉持家，讓歷經二十餘年顛沛流離的我，第一次享有家的溫暖，那種感覺是外人難以理解的。此後，長子景聖、長女景秀、幼女景琳陸續出生，也使我的家庭生活更為美滿，這些，都是拜黃埔之賜，個人始終充滿了感恩之情。

　　在官校的工作，初則擔任專指部的營長一職，帶領專修班的學生。任滿調往軍訓部（後來改稱「總教官室」）任教官，歷任戰術組主任教官、組長，以及副總教官等職務，除親自授課，督導各期班步兵連

迄單兵伍小部隊戰鬥教練的操課外，並策劃、執行自五十一期以後各期的山隘野營行軍訓練，合歡山寒訓等軍事訓練的課程。退伍後，承蒙學校厚愛，轉任顧問講座教師，繼續就野營訓練、期末演習等綜合性戰鬥教練，以及準則、教材教案編修，與戰術相關學生社團的指導，提供自己的經驗與專業意見。民國八十二年（1993），正式退休，但官、步校在軍事課程上有任何諮詢或差遣（譬如：擔任學生戰術、戰史研究社團指導老師），個人都主動請纓、樂於從命。此期間，接觸過的黃埔學子，計有專修班十九期至四十七期，專科班第一期至十六期，正期學生第三十七至六十二期。無論任何期班的同學，我都一視同仁，樂見他們的成長與茁壯。目睹黃埔的後起之秀，像怒潮一般湧向部隊，蔚為保國衛民的中堅力量，甚至成為國軍各階層的領導者，是個人平生最大的安慰與喜悅。

民國六十七年（1978），當時的校長許歷農中將，遵奉總司令郝上將的政策指導，開啟了自行培訓學生連隊連長的制度，從四十五期開始，由各期留校的副連長擇優，先調教官組磨練、考核一年，然後下放連隊擔任主官。個人恭逢其盛，成為此一制度的執行者，得以接觸到諸多優秀的黃埔子弟。其中包括四十五期的黃奕炳、洪廷舉、許崇台、耿濟川……；四十六期的王興尉、朱玉書、黃志勝、廖使賢、郭亨政、劉本善……；四十七期的鄭德美、李豐池、許舜南……；四十八期的羅際琴、項達明……；四十九期的王央城、蔣伯餘……等人。這些幹部在校績效優異，離開母校後，也能在各個部隊發光發熱，有著傑出的表現，沒有辜負黃埔的栽培。

奕炳將軍，是我戰術組多年的老戰友，數十年來，彼此感情勝過

父子、兄弟。其著作《鳳山黃埔舊事》一書，撰寫的故事，大多發生在我服務官校的期間，甚至個人就是其中的當事人。書中所述人物的部分，羅本立指揮官、秦祖熙校長，王宗炎、馬登鶴和劉寧善三位總教官，都是我的老長官；田鑫老師、李元喜教官，是戰術組的老同事；他們的事蹟，我知之甚詳。童兆陽、丁渝洲兩位校長，個人緣慳一面，但素仰其盛名，略有所知。所述事事物物，皆係我熟悉和眷戀的黃埔校園，一草一木，如同家人。這些黃埔陳年往事，在黃將軍深情的筆下，娓娓道來，那些人，那些樹、那些事，一一重現眼簾，感人肺腑，也使我們看見一位黃埔畢業生飲水思源、知恩圖報的情懷。

　　個人曾在漢口的陸軍官校第六軍官訓練班受訓，且在鳳山黃埔結婚生子，成家立業，長期在校服務，受到官校的栽培與眷顧，備受各期班校友的關愛，感懷至深。黃埔愛我，我愛黃埔，自己就是黃埔鐵打的一員，此生永為黃埔人，將是個人畢生最大的榮耀。今年（2024）欣逢黃埔創校百年，黃將軍將多年的著述結集成書，藉以紀念黃埔的先烈先賢，別具特殊的意義。感其赤忱，是為之序。

前陸軍官校副總教官

李承山 老師

戀戀黃埔恩情

　　我本是金門太武山下的牧童，青少年時期，從未離開烽火遍地的島鄉。國中畢業後，負笈臺灣，仍然是為升學所苦的懵懂青年。民國六十一年（1972）的八月二十三日，係「八二三砲戰」十四週年，也是轉變我人生的最大轉捩點。那一天，我懷抱報效國家、保護人民的赤忱，告別娘親，瞞著父親及其他親友，攜帶省岡中導師簡醒宇老師，以及主任教官蘇之和中校的保證書與叮嚀，揹負簡單的行囊，到鳳山報到，投入黃埔的行列。報到時，因為台金航班船期的影響，我已經遲到了三天，但在鄉親學長張贊宗上尉（張學長時任教育長許歷農將軍的隨員）的協助下，被特別通融准予入學。

　　私自投身軍旅，讓父親既憤怒又費解。他不明白，為什麼一向溫順的兒子，未曾徵得同意，竟然不聲不響選擇走入艱辛的軍人行業。父子間的芥蒂，直到我結婚生子，始告緩解。其實，個人選擇就讀陸軍官校，萌芽於青少年時期。在戰地島鄉，眼見家園毀於無情的砲火，鄉親殞命於內戰的烽燹，而有大丈夫當執干戈以衛社稷的想法。及長，到台灣讀高中，畢業前，適逢我國被迫退出聯合國，日本與中共建交，舉國悲憤。在莊敬自強，處變不驚的號召下，毅然與同班同學黃海屏

相偕投筆從戎，從此踏上長達四十餘年的軍旅生涯。

在鳳山黃埔的四年，是我人生中最大的轉折。嚴格的軍事教育，奠基造型，讓我從一個具有文青傾向的青澀青年，轉型為真誠正直、敢做敢當、立志在沙場報國，鐵錚錚的革命軍人。黃埔教我：忠於國家，愛護人民，貫徹以民為主的三民主義；恪遵三軍一體、七校一家的親愛精誠校訓；授我以：主義、領袖、國家、責任、榮譽五大信念，以及犧牲、團結、負責的傳統精神。這也成為個人終身信守不渝的中心思想，更是我生命裡永恆的精神指引。

四年多的養成教育，十餘年的留校歷練，我對母校的教誨與栽培，充滿了感恩惜福，也對鳳山黃埔有著深厚、難以割捨的感情。如今，我已退伍多年，正式步入古稀，回首前塵，黃埔校園裡的事事物物，一直縈繞在我的腦海，甚至出現在我的夢囈之中。生命裡的黃埔，讓我成長茁壯，使我充實豐盈，我以身為黃埔子弟為榮，更以曾經二度在校服務、作育英才而自豪。

一個偉大的學校，必然包含卓越、具有特色的言教、身教和境教。黃埔是一所對國家、民族深具重大貢獻的偉大學府，個人身沐教澤，自是難以忘懷。發想撰寫《鳳山黃埔舊事》，始於退伍之初，歷經多年筆耕，累篇成書。書中回憶在校時的一些老長官，反芻他們當年睿智的教導，重溫他們殷切的身教典範和言教啟發，雖時隔久遠，內心仍有著高山仰止的崇敬與悸動。其實，在校各階段的每位長官，都有值得敘述的故事，但個人時間與精力有限，難免掛一漏萬，僅能從印象最深刻者開始寫起，不無憾焉。

本書也寫母校的境教，它是校園環境營造氛圍所造成的影響。官

校宏偉的大門，廣袤開闊的綠色操場，讓人心胸開闊、志向高遠，培養黃埔學子宏觀的器識和前瞻的眼光。濃綠成蔭的校樹，以及遍布校園的精神布置與設施，揭櫫著典型長在，莫忘先烈先賢遺志。母校的一草一木，都是一種無聲的召喚：「這是革命的黃埔，革命者來！」激勵著「不怕死，不貪財，愛國家，愛百姓」的情操，期勉我們「以國家興亡為己任，置個人死生於度外」。教導黃埔子弟，必須做奮鬥的先鋒，「打條血路，領導被壓迫民眾，向前行」，戮力向正確的方向邁進。

麥克阿瑟曾說：「晚年的回憶經常將我帶回到西點軍校，我的耳旁迴響著，反覆迴響著：責任，榮譽，國家。」個人年過七十，兩鬢斑白，跟麥帥有著同樣的感觸，時常回想著鳳山黃埔的歲月，黃埔精神、五大信念，「升官發財請往他處，貪生畏死勿入斯門」的警示，也反覆在我腦海盤旋，縈繞不去，個人對國軍暨黃埔充滿了眷戀與感激。時值母校創校、黃埔建軍百年紀念，謹願以本書敬獻予先烈先賢，以及我摯愛的母校，祈願母校校運昌隆，國軍精實壯大，中華民國長治久安。

本書能夠出版，要感謝的人太多了。首先，感謝國防部邱部長、校友總會理事長彭上將，恩師李承山先生不吝指導，惠賜序文。書法大師鄭有諒、李豐池兩位將軍賜予墨寶，作為扉頁致敬詞或封面。尤其是邱部長在百忙之中，撥冗約見，除重敘同學之誼外，更慎重針對內文細節加以斧正，充分發揮母校「親愛精誠」的校訓，讓人感佩。在編輯過程中，謝謝國防部副部長徐衍璞上將、部長室主任鄭貴明將軍，國會連絡處處長石文龍將軍、軍聞社社長王智平上校，前陸軍官

校總教官施世銘學長、中央校友總會鮑世瑋組長、黃國政組長，陸軍官校校長余劍鋒將軍、教育長黃孫德昌上校，校部王菁小姐，黃埔校史館史政官李先智少校、史政員林碧姮小姐、黃婕妤士官長，以及陸官校友總會祕書長羅睿達先生、田老師孫女田沐橙小姐惠予鼎力協助，找尋老照片與舊檔案，得使本書更加充實。全書的寫作過程，感謝內人王素真老師的鼓勵、協助編排、校對和潤稿，令本書得以呈現較嚴整的風貌，也謝謝我在陸軍專科學校的老夥伴們：世傑、啟美、鳳珠、珮怡、祖昌、瓊瑩、進國等老師，以及一些昔日袍澤：也萍、林偉、文忠、全良等人的鼎力相助。最後，感謝臺灣蘭臺出版社和博客思出版社，願意幫忙出版這種硬梆梆、小眾閱讀的書籍。當然，更希望本書的出版，有助於社會大眾對軍事教育和軍人的瞭解，進而支持軍事教育，鼓勵國軍，是則國軍甚慶，國家甚慶。

黃奕炳

第一部 人的故事

　　陸軍軍官學校是開啟我軍旅生涯的起始點，也是孕育、栽培、指導、啟迪、護佑我大半生的地方，黃埔堪稱是我魂縈夢牽的生命第二故鄉，諸多黃埔師長的身影一直鑴刻在我心版上，永世難忘。

　　個人自民國六十一年（1972）八月進入陸軍官校就讀，迄一○二年（2013）七月退伍，軍旅生涯歷時四十餘年。此期間，從山邊到海陬，從本島到外離島，去過很多單位，歷練諸多不同職務，接受非常多長官的領導和栽培，他們以身教或言教，傳授我很多待人處事的道理，上自戰略、戰術，指揮道德和領導統御等大道理，下至種樹、挖散兵坑等基層實務，讓我受益無窮，他們是我生命中的貴人。回首前塵，個人內心充滿了感恩和感激之情。

◎作者畢業初任學十七連第一排排長，左手拆除的學生臂章痕跡猶在。

　　投考陸軍官校，是我生命中最大的轉折。畢業後，兩度留校服務，時間長達十餘年，得以持續受到母校的栽培，親炙各級長官的言行風範，

受益良多。特此，謹將印象較深刻者，白紙黑字寫出來，一方面留下紀錄、做為自省，另一方面也給後期的學弟妹們做一個參考。

　　典型無所不在，只看自己是否虛心洞察和吸收。所有的往事都告訴我：風行草偃，上行下效，身在高層，言行影響所及，不僅僅在當下，更在長遠的未來。對一個職業軍人言行最嚴屬的考核，不在長官，而在千萬個部屬的眼睛、心底。其功績和貢獻有多大，也不在官階高低或勳獎章的多寡，而在解甲歸田、不再具有任何影響力或利害關係後，眾多部屬對你的評價如何，以及曾經服務過的部隊，如何詮釋和傳述你的故事。在網路無遠弗屆的時代，好事會出門，壞事更可能瞬間眾人皆知，人焉廋哉，豈能不慎。本書所述黃埔舊事那些人、那些事，都是個人的親身經歷，因年代久遠，時間與細節或有出入，但重點應該是：那些人所建立的典範，那些事所彰顯的道理。是為之記。

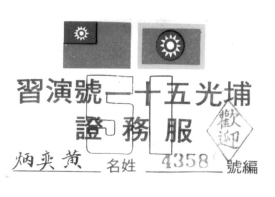

◎民國六十四年（1975）陸官校慶（埔光五十一號演習），作者任司令臺接待人員。

◎時隔二十二年，民國八十六年（1997）陸官校慶（埔光七十三號演習），作者擔任典禮指揮官。

一、沉著堅毅，臨危不亂：羅本立上將

◎參謀總長羅本立一級上將關心基層、愛護官兵袍澤（資料來源：軍聞社）。

　　民國六十一年八月底，個人到鳳山報到入伍，入伍生團的團長，由學生部隊指揮官兼任，當時的指揮官兼團長是羅本立上校（後來晉升至一級上將參謀總長）。軍人和入伍的軍事操練，對我這個來自戰地的青年並不陌生，但上校團長距離一個入伍生，無疑是遙若星辰。因此，在入伍期間，羅先生講過那些話，做過什麼事，我的印象非常模糊，但有一件事倒是記憶深刻，是我步入軍旅生涯的第一課。

事情是這樣的：當年入伍開訓不久的九月某一天，團長集合三軍五校（陸、海、空軍官校，政戰學校、財經學校）所有的入伍生，在中正堂做精神講話，羅先生高高瘦瘦的身材，身穿長袖草綠混紡的軍服，面貌嚴肅的步上講台，在廣闊的舞台上，身影更顯修長。他以略帶安徽鄉音的聲調侃侃而談，講題是什麼，個人已不復記憶。但見前座每個入伍生坐滿板凳、正襟危坐，絲毫不敢鬆懈，在教育班長緊迫盯人下，很少有人敢打瞌睡。

　　不意，訓話中間突然一陣地動山搖：應該是非常激烈的淺層地震，轟隆一聲巨響，面對中正堂舞台右側的精神標語：「以國家興亡為己任」的牆面，登時綻開一條長達十餘公尺的裂縫。此時，在我後方傳來一聲驚慌的尖叫聲（事後聽說是某校的一位入伍生嚇昏了），全場有點騷動，在此當兒，就聽到耳際傳來一聲低喝：「坐在原位不要動！不必緊張！」只見指揮官如一尊雕像，沉穩鎮定的站在講台上，紋風不動，全場立即恢復原有的靜肅，任憑地震搖晃了十幾二十秒鐘，隨著又有幾次幅度較小的餘震，羅先生依然鎮定如常，若無其事繼續完成他的講話，部隊才井然有序的逐一帶隊離開。（註：距離當時不到五個月前，同年四月二十四日，臺灣地區才剛發生五人死亡、數十棟房屋倒塌、震度六點九級的「瑞穗大地震」）而今雖已時隔五十一年，但羅先生那種臨危不亂、沉著冷靜的偉岸身影，依然深深銘刻在我的腦海。

◎參謀總長羅本立一級上將巡視陸軍軍官學校，關心入伍生團受訓情況（資料來源：軍聞社）。

　　民國八十四年（1995）六月，我回母校擔任學生部隊指揮官。同年七月，羅先生晉升參謀總長，布達當日即兼程南下視察部隊，傍晚時分，進駐陸軍官校黃埔賓館。晚餐後，指示要到學生部隊指揮部「看看」，校長馬登鶴中將通知我在雨農樓門口恭迎，久等不至，稍後才趕往仁傑樓（學指部原址位於仁傑樓，民國六十六年間、孫瑨珉指揮官任內遷至雨農樓），陪同後續視導北營區的行程。歷時三十幾分鐘的時間，看似視察，實則是羅先生的懷舊之旅，他沿途細數母校的一草一木，敘述留校服務的往事趣聞，如數家珍。

◎羅本立總長任學生部隊指揮官時的指揮部仁傑樓，目前已改為女生連宿舍（資料來源：黃埔校史館）。

　　回賓館稍作盥洗後，即指示他要單獨召見學生部隊指揮官，校長暨政戰主任很緊張、納悶，以為發生了什麼大事。羅先生在一號貴賓室的小接待室召見我，先詢問了一些學生的學習和生活狀況，接著又親切垂詢了我的學經歷和家庭狀況，最後很慎重的問：「你擔任指揮官有多久了？」我據實以報，他略作沉思後說：「汪（多志）先生和陳（鎮湘）司令都推薦你到總長室當我的中文秘書，但你的任期太短，不宜調動，

◎參謀總長羅本立上將巡視陸軍官校，關心學生伙食。其左側為陸官校馬校長暨時任學生部隊指揮官的作者（資料來源：軍聞社）。

◎參謀總長羅本立上將巡視陸軍官校，其左側為陸官校馬校長，後方則為時任學生部隊指揮官的作者（資料來源：軍聞社）。

鳳山黃埔舊事

◎參謀總長羅本立上將巡視陸軍官校 ，其左側為官校馬校長暨時任學生部
隊指揮官的作者（資料來源：軍聞社）。

否則會顯示我不重視學校教育。官校學生的教育很重要，你要把他們帶
好！好好幹吧！」告退後，我向在賓館簡報室等候的校長與政戰主任回
報談話內容，他們才瞭解原委。

　　民國八十七年（1998），我任職於金防部第三處，是年元月底，羅
先生蒞金主持新舊任司令官陳先生與朱先生的交接布達典禮，提前一日
駐蹕鑑潭山莊。是日晚飯後，羅先生與兩位司令官正在接待室閒話家常，
突然獲報烈嶼師大膽島中間連（位於大膽島中央蜂腰部）連長自裁的消
息，羅先生非常沉穩的指示兩位司令官，要求指導單師長（家驊）按規
定處理，翌日上午布達完畢，交代要落實戰備任務交接，即率各聯參搭
專機離開防區，竟日神色自若。較諸日後個人所見，少數高級長官獲報
軍紀安全事件，即暴跳如雷，甚至在會議裡大聲喝斥所屬，宣洩怒氣，
直有天淵之別，大將風範，於此可見。

◎羅本立一級上將視導第四作戰區官校後備師駱駝山旅鳳鼻頭步兵連陣地構築示範，前排左起為羅總長、楊德智副總長，楊副總長後方站立者為時任第六軍團司令的童兆陽校長，左側後方著草綠野戰服全副武裝者為作者。

　　民國九十四年（2005）九月，羅先生意欲返回安徽老家祭祖和探親，但礙於中華民國現役高級將領不得前往大陸地區的規定，他即主動辭去總統府戰略顧問，以及陸軍一級上將的終身職職位，成為第一位非因出任文人職務需要而退伍的一級上將。

鳳山黃埔舊事

◎早年陸軍官校後山的六一二高地童山濯濯（資料來源：施總教官世銘提供）。

　　退伍前，他特別到曾經任職的各個單位駐地，實施巡禮懷舊。回到鳳山母校，受到全校師生的熱烈歡迎。當天晚間，官校校長楊國強中將在黃埔賓館宴請羅先生，並邀請他在南部的故舊門生到場作陪，個人時任步訓部指揮官兼步校校長，近在咫尺，也在受邀之列。羅先生的記憶力極好，對在座者，一一點名並指出期別，絲毫不差。當晚，他酒興甚佳，敬酒來者不拒。翌日清晨，楊校長和我陪他巡視校園，並沿先鋒路一路走到七一四高地與配水池。看著昔日童山濯濯的教練場地，如今已經叢林密布，鬱鬱蔥蔥，甚至部分地形地物，已經無跡可尋，頗為感慨。

◎原本童山濯濯的六一二高地，目前已經濃蔭密佈，景觀完全不同（圖片來源：冬烘居部落客）。

羅先生敬天法祖、飲水思源，為了思親情懷，不惜辭去高官厚祿，其視富貴如浮雲的高風亮節，令人欽佩。他在國軍建軍備戰的豐功偉業，俯拾皆是，不必個人贅言。唯民國八十五年（1996）臺海危機，羅先生時任參謀總長，坐鎮指揮三軍部隊，完成戰備整備，且冒鋒鏑頻繁往返外離島，鼓舞官兵戰志，穩定民心士氣，對於國家貢獻卓著，令人欽敬緬懷。如今，羅先生已經逝世多年（民國107年12月15日以92高齡辭世），而今兩岸風雲再起，共軍機艦繞臺無日或已，雙方劍拔弩張的當下，更讓人有「危疑震撼之際，倍思良將」的感觸。

◎「忠誠精實」是羅總長終身不渝的信念，也是母校給予每個黃埔子弟最真切的叮嚀（資料來源：軍聞社）。

◎黃埔湖的勝景，映照出羅本立上將的高風亮節，讓母校以他為榮。

二、菸事並不如煙：秦祖熙校長

　　我在民國六十一年（1972）八月二十三日入伍，第一任校長是林初耀中將。他是一位嚴謹勤勉、生活樸實，自律甚嚴的軍人，重視環境內務、服裝儀容，以及內部管理等細節。到野外督課，他都輕車簡從，穿著草綠服單獨出巡，頂多遠遠跟著侍從官，因此操課部隊經常誤判為家住後山的士官長，而被「突襲」。於是連隊幹部都相互告誡：「在後山看到有人接近，寧可把士官長看成是校長，也不可誤將校長當成士官長，以免悔之不及！」

軍軍官學校入伍訓練，作者任中尉班長，與排長蔡知難
尉暨六十九年班第十二連入伍生合影。

◎作者任入十七連第一排排長與教育班長四十六期
朱道愚中尉在野外合影。

　　林校長留給我最深刻的印象，應該是每個星期天早晨的環境內務大檢查，和隊職官的知生識生測驗，這個檢查是每個假日放假前的大事。當天早餐後，所有官生換好外出服裝，八點鐘以前在連集合場，列隊屏息等待抽籤受檢。在程序上，學、專指部各抽一個連，先由校長戴著白手套，率領校部幕僚主管，大陣仗親蒞連隊實施環境內務檢查，接著測驗隊職幹部知生識生的熟稔程度。

◎早年陸軍軍官學校校門（資料來源：黃埔校史館）。

第十任校長
民國六十二年二月至六十五年三月
本校十一期畢業　湖北省黃岡縣

◎秦祖熙校長玉照（資料來源：黃埔校史館）。

抽籤結果宣布，同一校園兩樣情。沒有中籤的，興高采烈，唱歌答數帶隊出校門，不幸被抽中者，如喪考妣，明白當天的休假毀了。因為校長重視細節，檢查超級認真，耗時甚長，整個檢查下來，能在十點鐘以前結束，已是萬幸，如果成績不如理想，再經折騰，一個晌午完全泡湯。何況，內部管理檢查完就能快樂出校門嗎？那你就想得太美了，此時殺氣騰騰的實習旅營部，早已在黃埔路兩側就定位，三步一崗，五步一哨，新生外出如過十八銅人陣，從頭到腳（包含銅

環正反面、皮鞋鞋縫是否擦亮……）逐一審視，新生要一次過關實非易事，個人曾有銅環一項即被剔退三次的紀錄，後來就索性留在寢室或教室打混，以免被刁難。這種痛苦經歷，民國五十九至六十二年在陸官受訓的各期班學長、以及三軍五校入伍生，應該都是難以忘懷的回憶。

民國六十二年（1973）二月，林校長調職，由金門防衛司令部副司令官秦祖熙中將接任，讓人惴惴不安的休假前檢查，戛然而止。秦校長是裝甲兵出身，曾到德國受訓，是一位思想開明、觀念新穎，勇於創新和突破傳統的將領。他到任後，銳意改革，希望從硬體和軟體同時並進，改變學校的風貌。秦校長認為學校是軍官養成的搖籃，除了言教、身教，境教也很重要。因此他排除萬難，說服上級與校內的反對意見，為北營區十二棟日遺建築的學生宿舍換裝，將屋頂原本的水泥瓦換成紅瓦，原為上灰下綠的暗沉牆面，塗成白色，嚴肅凝重的

◎陸軍官校校園北營區兵舍被粉刷成乳白色牆面，瓦片改為紅色，白屋紅瓦綠樹，呈現出一幅美麗景象（資料來源：黃埔校史館）。

◎台視當紅的「翠笛銀箏」到陸軍官校製作節目，黃埔合唱團參加表演，在圖書館前與主持人崔苔菁等歌星合照。

軍營氛圍，頓時轉換為白牆、紅瓦的明亮活潑，在綠草如茵大草坪，以及濃蔭碧綠校樹的襯托下，儼然是歐美勝景，置身其中，心曠神怡，難怪被崔苔菁的「翠笛銀箏」相中，做為外景的地點。

秦校長重視大學教育，他鼓勵我們要當一位紳士軍官，而不僅僅是一個赳赳武夫。所謂「紳士軍官」，除了本身必備的軍事素養，更要培養高瞻遠矚的視野，具備足夠的人文素養，懂得欣賞文學作品和音樂、美術、雕塑等藝術，也就是上陣能夠克敵制勝，下馬足以談詩賦詞、思考反省。他在教育改革上，為了貼近「塞爾教學法」（習自西點軍校，以學生課前預習、課中相互討論為主，老師講授為輔）的精神，並使學年教育課程符合大學法的規定，爭取教育部承認官校授予的學士學位，不惜大幅度修改課程設計，忍痛刪除駕訓、傘訓、突擊訓和部隊見學……等課程，要求每上一堂課，就要搭配一堂自習的時間。

秦校長要求學生從生活裡培養創新的精神，他鼓勵我們休假時要到大百貨公司或地標性的建築與古蹟去走走，目的不是去逛街消費或旅遊懷古，而是去看看百貨公司櫥窗、海報與廣告宣傳品等各種新穎的設計，去瞭解那些讓人讚賞建築的美學或設計巧思。秦校長認為：一個軍事指揮官在戰略、戰術上，展現不受侷限的創意，才能出敵意

◎陸軍官校實施之塞爾教學法，教室四周均為黑板，學生以討論作業為主，講授為輔（資料來源：黃埔校史館）。

◎官校四年級學生野外課，中午在配水池等野外席地而坐用餐（資料來源：黃埔校史館）。

表，以寡擊眾，以弱勝強。而創意的培養，不能自限於課堂的提示或戰史的研習，更需要從生活與環境的深度觀察裡，獲得寶貴的激盪和啟發。

此外，為了培養學生的榮譽感，秦校長要求學生部隊在團集合進餐廳（陸軍官校學生部隊午餐進餐廳，必須以齊步分列方式，接受校長或指揮官校閱）、每週五下午定期的閱兵分列，以及重要儀典，都必須繫上裝甲兵特有的橘色領巾，使軍容更顯整齊劃一、精實壯盛。此一作法沿襲至今，國軍很多重要的校閱，陸軍部隊仍然維持繫橘色領巾的傳統。

當然，秦校長在官校最大的變革與創舉，無疑是開放「菸禁」。在他到任前，校規嚴格禁止學生抽菸，違者必須接受禁足等嚴厲的懲罰。所以，入校前已有菸癮的同學，大多利用隊職幹部不注意的時段，如午休、下課時、晚餐後、洗澡時，起牀前或就寢後的時間，偷偷躲在廁所、儲藏室或掃把間等隱密地點抽菸。香菸藏匿的地點，更是各顯神通，無奇不有。一般多藏在廁所水箱、內務櫃的防護面具、寢室

◎陸軍軍官學校學生部隊閱兵分列完成，部隊成聽訓隊型集合，由四面八方向司令臺集中（資料來源：軍聞社）。

的天花板、書桌抽屜背面與床舖夾層，甚至做好防潮措施再埋藏在菜圃裡。（個人不抽菸，更奧秘、出人意料的手法，尚待查考）

　　秦校長瞭解上述狀況後，至感憂心。他認為軍官學生，在校期間就應該陶鑄光明磊落、表裡如一的品格，假如在奠基造型的重要階段，躲躲藏藏，在隊職官看不到的地方抽菸，明知違規而故犯，長此以往，養成陽奉陰違的不良習性，將來勢必貽禍部隊。且在《黃埔報》（62年9月20日）闡述此一理念。民國六十四年（1975）初，秦校長甘冒天下之大不韙（眾所周知：經國先生非常討厭抽菸，稱吸菸為「吸毒」，在贛南期間且大力查禁），極力向國防部、陸總部爭取開放官校學生可以抽菸，甚至在經國先生蒞校視導時，還直言軍校禁菸之弊與重大後遺，建議開放。

◎民國六十二年（1973）九月二十日黃埔報，社論談及吸菸問題，痛陳學生養成陽奉陰違、
表裡不一之弊。

　　開放菸禁案嗣奉核准，並比照部隊配發軍菸。他所持的理由是：
一、當年官校學生的俸給，比照陸軍部隊的建制支給，一年級敘下士，
二年級敘中士，三年級敘上士，四年級比照准尉，但僅發給底薪沒有
職務加給。學生既已賦予階級，自當比照部隊官士享有同樣福利。二、
官校學生的品德教育至關重要，禁菸導致學生躲避幹部的查緝，偷偷
摸摸私下抽菸，養成陽奉陰違習性，助長渠等投機的心理，嚴重扭曲
正常品格之培育。抽菸事小，傷及品德教育事大。秦校長的努力，迎
來陸官開放菸禁的歷史性重大變革。

為了人格教育的需要，並避免開放抽菸後產生後遺，秦校長特別精心規劃相關配套措施。他指示學生部隊在塞爾（教學）大樓、連隊中山室設置吸菸專區及菸灰缸，嚴格要求學生在指定處所和特定時間（課餘休息時間）才可以吸菸，違者嚴懲不貸。此外，校長唯恐全校官師生誤解其開放抽菸的原始宗旨，迭次運用週會、月會、團集合，教師、學生座談等各種公開場合，不厭其煩，反覆闡述其理念與作法。該一變革施行的結果，根據個人第一線的觀察，會抽菸的，還是那些原本就有菸癮的人，只是化暗為明，不必再像地鼠一般躲躲藏藏。不抽菸的還是不會抽，即使基於同學交誼或好奇，偶一為之，也不致成為癮君子。我就是明顯的例證，即使同學再三勸進，甚至用激將法，個人抵死不從，說不抽就不抽。

　　不料少數家長和反對者，不瞭解秦校長的辦學理念與苦心，聽說官校開放菸禁，大表不滿，故意扭曲事實，對外宣稱「校長鼓勵學生抽菸！學生抽菸比率大幅攀升！」「子弟在入學前本不抽菸，現在變成癮君子，回家也毫不掩飾，且拿校長特准為擋箭牌。」等等，鬧得沸沸揚揚，並狀告國防部和陸軍總部，且向監察院陳情，引來調查。加上那段期間，國內外局勢動盪，部隊又值轉型期，軍紀安全事件頻傳，少數基層軍官表現不佳。反對開放菸禁者，將各種事件加以串接，直指是官校教育失敗，而教育失敗源自開放抽菸，把秦校長打成必須為此負責的罪魁禍首，必去之而後快。最後結果，據稱秦校長因此被監察院糾正（待查證），上級頂不住排山倒海而來的壓力，將他調離現職，先出任聯勤副總司令，嗣後軍職外調臺灣省政府省訓團秘書長、石門水庫管理局局長等職務。一位勇於擔當、睿智開明，倡導品德、人格教育，備受全校師生敬愛的校長，黯然卸下軍裝，石管局退休後不久，即移民美國。

這個事件已經塵封將近五十年，當年恭逢其事的學子，業已逐漸步入古稀之年，而秦校長也在民國一○七年（2018）元月十日，以一百零二歲高齡逝世於洛杉磯僑居寓所。歲月悠悠，誰能還其公道？

有人曾以董氏基金會推動戒菸運動，來指摘秦校長當年的舉措，似乎是逆潮流而不具遠見。然而，在時空背景迥然不同的狀況下，這種以今非古的批評，顯然並不公允。何況，事實上秦校長並不鼓勵吸菸，他只是基於教育的立場，希望培養學生光明磊落的優良品格，糾正陽奉陰違的陋習。從軍官養成教育的高度俯瞰，秦校長當年眼光所及，著眼的是廣闊浩瀚的海洋，而當年那些保守的反對者，所持的理由和觀點，就只能算是浴缸裡的那一窪死水罷了。歷史的腳步一去不復返，令人遺憾的菸事，日漸緲遠，但盤旋腦海的往事並不如煙，是非曲折，在我們的心中更加清晰。白髮弟子遲來的辨明，天上的校長您是否知曉？

◎作者民國六十二年全軍三軍七校政治會考一年級第一名，獲秦校長贈送之鋼筆。

45

三、身教重於言教：陳先進連長

「典型未必高官，盡己即是英雄。」我在三軍五校入伍訓練結訓後，被編到學一營的學三連，跟國防部邱部長同一個連。第一任的連長是較高期別的唐連長，他是運輸兵科，據說為名將之後。唐連長為人謙遜低調、隨和寡言，可能是勤務兵科特性，採取佛系弛緩的帶法，對學生的要求較為寬鬆，從不說重話，對於營上的四大競賽成績也不大計較，因此我們連上經常墊底掛車尾、領「迎頭趕上」的黑旗，自嘲是永遠的「黑旗軍」。卻也因生活管理較輕鬆，自由空間較大，而被學長和其他連的同學戲稱為「天堂連」。

可惜好景不常，高期別的唐連長任期屆滿被調走了。接任的連長是三十九期的陳先進上尉（佔少校缺），他是從隔壁學二連副連長升調本連的連長（學二、三連的寢室都在「清泉樓」，學二連在東半棟，我們連在西半棟，而且兩個連的集合場，都在同一塊大水泥坪上）。陳連長短小精悍、自律嚴謹，不苟言笑，他在營長趙仲康中校布達完離開後，對全連學生精神講話，第一句話就是：「連長迫不及待的要來！你們『天堂連』的美好時光結束了。……」原來陳連長在隔壁連已經靜悄悄觀察本連的狀況很長一段時間，早就看不慣我們的鬆散和不在乎了，派來「收拾」第三連，只是剛剛好而已。他到任不到幾天，整個連的氣氛和表現，判若兩個完全不同的連隊，連最調皮的同學都不得不繃緊神經，緊跟連上的生活步調，那是我從軍後第一次領略到所謂「兵隨將轉」、「良將入陣，旌旗變色」的道理，印象深刻。

陳連長做事一板一眼，對我們的要求非常嚴格，每天早晚的五千公尺跑步等訓練，他都是在隊伍的先頭帶領著跑，軍事課程更是他的強項，一定到場督課或親自示範。他要言不煩，不喊口號，凡事紮紮實實，訓練標準更毫不鬆懈。在管理上，緊繃領導絕不放鬆，信賞必

◎作者於民國六十一年官一時的連隊所在清泉樓，本樓為紀念先烈邱清泉將軍而命名（資料來源：黃埔校史館）。

◎官校校園學生宿舍前、後方的荷花池，先前為日據時代日本騎兵部隊的洗馬池（資料來源：黃埔校史館）。

罰，沒有任何妥協餘地。他的嚴格要求，同學們不免輒有煩言，懷念以前的快樂日子。他的小舅子恰巧編在我們連上，變成少數不明事理同學挪揄嘲弄的對象，成為最直接的受害者。

嚴格的訓練與要求，其血汗絕對不會白流。民國六十二年（1973），國防部舉辦一項三軍四校軍校生的體能戰技競賽，記得項目包括千六全副武裝賽跑、五百公尺障礙超越，以及手榴彈擲遠與野戰投擲，各校都抽一個學生連受測，集中到陸軍官校黃埔校區同場競技，以示公平。這種方式強弱對比、訓練嚴格與否，高下立判，無所遁形，各軍校都有不能輸的壓力。做為地主學校，且為地面部隊的代表，這些體能戰技是看家本領，怎麼能輸給海空軍？陸軍官校承受的壓力，可想而知。

經過公開抽籤，其他各校抽中那個年級不得而知，但陸軍官校被抽中的正是我們學三連：一個由天堂連蛻變為魔鬼連的新生連隊。在一般認知裡，一年級訓練時間不長，體能戰技均未臻成熟，因此，校部和指揮部的長官們都很擔心本連的表現。但陳連長展現他的企圖心，

◎陸軍官校學生體能訓練五千公尺跑步（資料來源：軍聞社）。

他說只有第一，沒有第二，在自己家更不能輸。在體育組支援教練，給予技術指導的情況下，連長帶著我們展開為期一個多月的臨陣磨槍。各競賽項目裡：千六武裝賽跑，因為我們早晚必練五千公尺跑步，該項目注意著裝與姿勢調整適應即可，問題不大；倒是手榴彈投擲與五百障礙超越，技巧很重要，不是用蠻力就可獲得好成績的，於是這兩項成為我們集訓的重點。連長的做法，是早晚加強伏地挺身、仰臥起坐和交互蹲跳的訓練，從基礎上強化我們的臂力與腿部的肌力，然後利用正課以外的時間，先反覆分練各項攀爬、跳躍和投擲等基本動作，再綜合全程練習，並鼓勵同學們利用休閒與假日自我練習。

　　整個集訓過程一個多月，連長都全程參加，從熱身運動到正式訓練，無役不與，因此全連上下都不敢稍有鬆懈。他的名言是：「我要求你們做到的，自己一定要先做得到，甚至還要做得比你們更好！」壯哉斯言，話很淺顯易懂，卻蘊藏著身先士卒、請跟我來的領導者風範與作為，子帥以正，孰敢不正？

◎陸軍官校學生部隊體能戰技訓練：手榴彈基本投擲（資料來源：黃埔校史館）。

◎國軍體能戰技運動大會在陸軍官校舉行，開幕式時國防部旗通過司令臺（資料來源：軍聞社）。

　　那次的體能戰技競賽，競爭非常激烈，連長親自帶著我們參賽（按規定，並未強制連長一定要參加，連上六位軍官只要四位參加即可，另外兩位負責行政支援和安全救護），全連士氣大振。當時，四年級（四十二期）的大學長們剛由各兵科學校回來，準備北上參加反共復國教育。他們紛紛帶領其他各期班的學長、同學圍到司令台前的田徑場邊，幫我們加油打氣，「陸官加油」的聲浪響徹雲霄，一波波灌入耳朵，那種激情、那種感動，更激發了我們的士氣和潛力。

◎三軍各軍校體能戰技競賽開幕式（資料來源：軍聞社）。

◎陸軍官校學生部隊體能戰技訓練：一千六百公尺武裝賽跑測驗，旨在訓練學生之毅力及體能爆發力（資料來源：黃埔校史館）

　　記得千六武裝賽跑時，我起跑後調節步伐，第一圈落在後段班，場邊的學長們非常著急，一聲聲的「老弟加油！你不能讓陸官丟臉！」官校八條煤渣跑道，四校各兩位學生，目標非常清楚，大家拚命往前跑，互不相讓。在加油聲中，我感覺自己是完全豁出去了，像似吃了大力丸一樣，用力把背包頂高，緊緊拽著槍背帶，低頭跨步，一個一個超越友校的同學，一圈一圈逐步趕上並甩掉領先者，率先衝破終點線。四圈跑完，我蹲跪在跑道盡頭的草地上，腦子一片空白，忽然聽到耳邊傳來連長的聲音：「本來我最擔心你，聯招生又擔任文書，經常熬夜，沒想到你居然跑了第一，我們應該可以贏了！」說實話：直到現在，我都想不起來自己是怎麼跑完的，也許陳連長經常說的一句話可以做為注腳，他說：「精神越用越出，體力愈練愈強，精神加體力可以致勝！」是啊！軍人在戰場爭勝，最後勝負的關鍵，絕對是堅持到底、不服輸的鬥志和毅力。

　　體能戰技競賽最後一個項目是五百公尺障礙超越，連長的身材雖然較矮小，但攀越技巧純熟，所以速度很快，但在沙坑跳越時，卻心急而不慎撞上前緣的擋牆，因為力道不小，看來是受傷了，但他仍然迅速爬出沙坑，奮勇衝過獨木橋、鑽進低絆網，伏進快速穿越，直奔終點，成績優於他所訂定的及格標準（那是比賽規則換算的滿分成績）：兩分三十秒，要求我們的他都做到了。我們連上不乏體能高手，如長跑健將侯石城，游泳高手蕭淵元等人，他們各有天賦異稟，但陳連長四項成績能位居全連官生的前茅，則全來自責任感與榮譽心驅動的自我期許和鍛鍊，他希望自己所說的絕不是一句空話：「我要求你們做到的，自己一定要先做得到，甚至還要做得比你們更好！」成功的領導，說容易其實並不簡單，說困難嘛，為者常至，事在人為，不難！陳連長已經用身教明確告訴我：躬行實踐，無聲勝有聲，子率以正，孰敢不正，不必多言。

◎陸軍官校學生部隊目前體能戰技訓練：一千六百公尺武裝賽跑測驗（資料來源：黃埔校史館）

那段黃埔舊事，已經遠颺超過五十年，但對我這種剛剛踏進軍校的新生，其影響之深遠，是超乎想像的。激越的加油吶喊，已經低沉緲遠，戰技競賽勝利的亢奮，也已逐漸在記憶裡消褪，但陳連長的典型依然存在，經得起歲月的淘洗。我認為：可以做為典範的，未必是高官，值得尊敬的英雄，也不一定歷任要職、功業彪炳，他們可能只是一些不忮不求、盡己之力，努力做自己的人。典型不遠，有心者得而學習之。

◎陸軍官校學生部隊體能戰技訓練：早年五百公尺障礙超越測驗（資料來源：黃埔校史館）。

◎典範未必高官，只要盡己之力，以身作則，犧牲奉獻，就是無名英雄。

四、永遠的黃埔老師：李承山老師

我是一個太武山下的牧童，寒暑假與課餘，徜徉在汶浦水岸，負責放牧家中的牛、馬，平庸而木訥。少無大志，青少年時期，從未離開島鄉。負笈臺灣，投身軍旅四十餘年的漫長歲月裏，幸得諸多貴人相助，造就了後來的我。陸軍官校的恩師李承山先生，便是我生命裏非常重要的一位貴人，如父如師，引領我闖蕩軍旅，使我安然順利在軍中發展。我對李老師暨師母充滿感恩之情。

● 親自示範三行四進的上校

陸軍官校畢業的學生，無論是正期或專修（科）班，從三十六期至五十五期（五十六至七十五年班），很少有不認識李承山老師的。他出身反共救國軍海上突擊大隊，民國五十五年（1966）調回官校以前，都是在外、離島擔任向大陸解放軍進行突擊的祕密任務，出生入

◎帶領陸軍官校學生部隊到山區野外實施戰鬥教練演訓的李承山老師。

死，對國家有很大的貢獻。他最為人所知的光榮事蹟，是率領弟兄登陸亮島，實施偵察，並插上一面青天白日滿地紅的大國旗，將它納入金馬防線的島鍊，增加馬祖防衛的縱深，至今仍為人們所傳誦，國防部特地在島上為他樹立了一座碑碣，表彰其貢獻。

◎李承山老師登陸亮島碑碣

　　我真正認識李老師的時間很晚，是在官校畢業留校擔任學十七連排長，參加基層幹部戰鬥教練與兵器課程集訓時。那個集訓班是奉校長言百謙中將指示成立，集訓時間長達四個禮拜，全校的隊職幹部區分三個梯次，集中住宿在黃埔湖畔的「小白宮」統一管理和要求。

　　集訓的課程，主要是下授課目的小部隊戰鬥與兵器課程。戰鬥課程從最基礎的方向地形判定、地形地物利用和三行四進開始複習起，以迄步兵班排戰鬥教練。兵器課程則由步機槍、手槍的分解結合、箱上三角瞄準等基本功練起，迄各種輕兵器的歸零、基本和野戰射擊。每天晚自習都有作業，晨間跑步後，要考各種準則（兵器手冊）或作業程序，考試位置在連集合場，拉大間隔距離，坐著鋁製小板凳，在圖板墊上作答，毫無作弊的機會。此外，參訓的十個營（學指部四個營，專指部五個營，加勤指部的示範營），以營為單位，辦理評比，從環境內務到各科成績，逐日逐項比序公布，每個營都有輸不起的壓力。這次的集訓，是我軍旅生涯最紮實的在職訓練，獲益匪淺。

◎學生部隊戰鬥教練課程休息時間，李老師與教官、隊職官及學生打成一片，深受官生敬愛。

◎學生部隊戰鬥教練課程休息時間，李老師與教官同仁閒話家常，平易近人，深受部屬愛戴。

　　戰鬥教練課程，都在中興崗、怒潮亭、成功坡、望雲山或拔子籃山操課。在主課教官做完原則講解，示範部隊分解動作演示後、分組操作前，都會有一位身材壯碩、臉龐黧黑，講話不疾不徐、口音極標準的上校親自上場示範，邊講解邊操作，動作乾淨俐落、一點都不含糊。經由教官介紹，才知道他是戰術組組長：李承山上校，個人內心極為佩服。

　　在留校的前一年多時間，我跟李老師的接觸不多。直到學四連副連長任職的末期，許歷農校長根據總司令的指導：自行培訓學生連隊的連長，徵選當時留校的副連長進入教官組，歷練一年軍教工作後下放連隊。其時，陸軍總部原訂的政策規定：為了避免與部隊脫節，官校正期學生畢業後留校不可以超過兩年，因此，長久以來在各教官組不可能有中尉階的正期軍官。四十五期（65年班）是首開先例，非常引人注目，甚至被當時的副總教官時作新上校戲稱為「穿黃馬褂的（教官）」。個人很幸運的經由老單位學十七連連長劉增順少校推薦而進入了戰術組，從此開啟了五十餘年與李老師情同師生、父子的情緣。

● 坎坷身世，造就溫潤性格

調到教官組，接觸到李老師，發現他總是如此從容不迫、隨和親切。經過長時間相處，才知道老師的人生頗為坎坷，生命裡的磨難，使他能夠溫潤的對待每一個人。

民國十七年（1928）李老師出生在河北一個殷實的農民家庭，藉由祖父的克勤克儉努力耕耘，累積了相當財富，是當地的大地主。惜乎他十一歲時不幸喪母，家道也逐漸中落。由於家境困難，他選擇就讀通縣四年制師範，希望畢業後能謀得教職以棲身，奈何時不我與，此一小小的期盼，也難如願。由於抗日戰爭剛勝利，國共內戰隨即爆發，受到大時代洪流的衝擊，李老師十七歲時不得不離開校園，響應總統蔣公的號召，投筆從戎。加入青年軍二零八師工兵營第二連，連長就是許歷農將軍，得以親沐許先生卓越的領導，獲益匪淺。

民國三十六年，陸軍軍官學校第六軍官訓練班在漢口招生，李老師有志於軍旅生涯，乃與青年軍同袍們相率投考，倖獲錄取。在校受訓一年，於三十八年畢業。原期盼畢業後有所作為，不意在內戰中國軍節節敗退，不旋踵老師所屬部隊就接獲命令轉進，由安徽蕪湖撤退到浙江金華，再轉福建清水，然後被迫直接撤退到福建的平潭。

李老師因與共軍作戰負傷，營長特准其赴野戰醫院就醫，然而，當他到達醫院時，醫院已經裝船離岸。無可奈何之際，李老師只得冒著傷口發炎感染的危險，帶傷游泳登船。所幸傷口包紮後已無大礙。翌日，醫療船抵達基隆碼頭，他隨即被後送嘉義第八十六號後方醫院做後續治療。

經醫護照顧，加上老師體質很好，傷勢逐漸好轉。此時，原屬單位的長官，奉命前來徵詢他到金門打游擊的意願，李老師毫不猶豫應

諾，出院後隨即趕赴金門第一九六師報到，出任副隊長一職。因出任務屢次建功，受到上級的賞識，民國四十年五月，被金防部司令官胡璉上將選拔為海上特種突擊隊隊長，受訓不到 3 個月，即奉命攻上亮島。此後十餘年的時間，都在幾個外離島流轉，過著浪裡白條、出生入死，與海浪和敵人搏鬥的日子。看透生死和困難，使李老師更豁達隨和、平易近人，也讓我更加欽佩他。

● 一視同仁，諄諄教導

那個階段，我們期上同時進入軍訓部教官組的同學，除了我，記憶裡有同進戰術組的許崇台，兵器組的耿濟川和李仲，一般組的洪廷舉和曾垂綱。因為低階正期軍官進教官組是首創，很多人都抱有疑慮，看這批「實驗品」是否稱職。很幸運的，我們都能在充滿懷疑的環境裡，低調虛心，肯學肯做，順利通過考驗，與專修班、行伍等出身背景的教官們相處愉快、合作無間，也因此開啟了爾後各期留校副連長進教官組儲訓、候任學生連長的歷練管道。嗣後各期接續調到教官組的就有：四十六期的畢學文、王興尉、朱玉書、郭亨政、黃志勝、周鎮德、廖使賢、劉本善、李海同、柴拔群……，四十七期的鄭德美、李豐池、許舜南、徐家輝、杜國利、楊約翰、王臺倫、張明甫、李中雄……，四十八期的羅際琴、馬立中、項達明……，四十九期的王央城、蔣伯餘……。這些人後來擔任學生部隊連長，甚至下野戰部隊後，都因為教官組的歷練，嫺熟基層軍事訓練教學法暨相關課目，而能有非常傑出的表現，受到部隊的肯定與歡迎，嗣後的仕途發展大多十分順利。

◎陸軍官校正五十一期野營訓練，校長朱致遠中將視導作者的連隊。右起為馬登鶴指揮官、作者、朱致遠校長、政戰副主任、時任副總教官的李承山老師、總教官室教學組長朱中校。

　　李老師雖然是青年軍行伍出身，但對正期、專修班，行伍出身的教官都一視同仁，並無偏見。他深切瞭解許歷農校長培訓學生連連長的用意，因此，除了一般的教學工作，更賦予我們一些特殊的任務，譬如準則研究、論文寫作，以及排課等行政工作，磨練我們的軍事素養和行政作業能力。個人即是在這種狀況下，除了編修〈反裝甲破壞伍防禦〉、〈偽裝隱蔽與掩蔽及欺敵〉等連隊課程的教案與講義，主課〈伍哨與巡查〉、〈班哨〉，並擔任田鑫教官「排哨」、「前哨連」等戰鬥教練的助課教官外，且在貫徹總部「山隘野營拉練」的政策要求下，接下了前兩次正期學生的野營訓練主課教官（承辦人）。

◎正五十一期野營行軍訓練，李承山老師在野外對學生部隊實施精神講話。

　　第一次野營訓練行軍路線：鳳山→清水巖→大樹→旗山→大崗山月世界→大社→陸官；第二次野營訓練行軍路線：鳳山→潮州→泰武→北大武山→瑪家鄉→三地門→里港→大樹→仁美→陸官。從事這些較長時間、兵力較多的綜合訓練，所涉及的行政支援、軍紀安全等事務龐雜，要協調的單位不少。做為全案的綜合承辦人，在計畫、執行、考核和檢討的完整作業過程中，無疑要負較大的責任，承受更沉重的壓力。然而，這些任務的考驗，當時覺得辛苦，後來在軍旅生涯面對各種測驗、對抗演習時，讓我更能從容不迫、游刃有餘的順利達成任務，個人對戰術組這一年的經歷，印象深刻，感懷至今。

● 野營訓練，傾囊相授

　　身為一個沒有下過野戰部隊、未曾高司歷練的低階軍官，經驗欠缺、沒有老案（軍中俗稱「奶嘴」）可以參考，要主辦那麼複雜而龐大的野營訓練任務，內心的忐忑不安是可以預料的。所幸李老師是一位實戰經驗豐富、學養豐厚的領導者，愛護後學、謙遜寬厚的長者，規劃「清水巖野營訓練案」，他以無比的耐心與寬容，詳細指導我如何作業。

◎正五十一期野營訓練，實施輜重車隊裝車示範並接受戰備檢查。

◎官校正五十一期野營行軍訓練,學生
　部隊戰備檢查。

◎陸軍官校學生野營行軍訓練,李承山老師從計畫
　以迄演訓全程,親力親為。

　　在計畫階段,老師利用督課之餘,用鉛筆逐字逐句修改我的計畫,
並且說明修改的原因;做完計畫,又帶著我與相關的教官,迭次做現
地勘察,仔細檢視行軍路線的里程和安全性,指導適合設置戰鬥狀況
的地點,以及露營和野炊的區域……,然後,要求據以修訂實施計畫,
說實話,當時我所扮演的角色,只能算是一個謄寫清稿的文書吧。他
在整個計畫作業和修訂過程中所展示的耐心和修養,讓我完全折服。

◎陸軍官校學生野營山隘行軍訓練,學生部隊露營紮營狀況。

在準備階段，他親自指導著裝、裝車、車隊管理、交通管制、露營區經始構工、野戰炊爨等各種示範，以及通信旗號、假設敵訓練、熱食追送、野戰醫療和野戰廁所衛生設施的開設……等行政支援事項的籌備。此一階段，我僅能辦好協調連絡的工作，不要產生重大的疏失。但做為第一線近身的觀察者，我從系統性、有條不紊的示範實作中，習得無比珍貴的部隊實務，後來下了部隊，參加營、旅、師對抗或指揮所演習，這些比戰術作為更龐雜難搞的行政措施圖像，便會清晰浮現在我的腦海，略作思索整理，便可使所屬部隊獲得及時而正確的指導。

至於期末的總檢討報告，我遵照老師的要求，逐日總結綜整，他也逐一指導、修正。因此，在返校前一天晚上，總檢討便已定稿，翌日舉行的檢討會，就可以提出一份非常深入而周延的報告，獲得校長暨總教官等長官的肯定。這個演習，筆者是收穫最多的人，從開始到結束，讓我學習到一套完整的演訓作業程序，我想：自己何其有幸，能夠獲得此一難得的機遇，更幸運的是，得到李老師無私的指導。

第二個野營訓練「北大武山案」，在民國六十八年（1979）上學期剛結束時實施，仍然指定由我主辦。有了第一次的經驗，個人已經可以循序漸進的從事計畫與準備，然而該案較諸「清水巖」案複雜而危險，李老師暨總教官戒慎恐懼，小心翼翼，我更不敢掉以輕心。

全案在盛夏酷暑的七月實施，必須先由鳳山鐵運到屏東潮州，全副武裝徒步行經舊武潭、新武潭、來義部落，攀爬北大武山蜿蜒陡峭的山路，然後穿越泰武北大武山口（標高 1703 公尺）平和（標高 1057公尺）到瑪家村之間險峻、狹隘的登山小路，沿途處處是懸崖峭壁、蟲蛇蚊蚋，安全與健康的顧慮十倍於前案，所幸當時的總教官兼學生

◎正五十一期野營行軍訓練北大武山案現勘，作者與李承山老師（中）、初炳立中校（右）在山區休息時合影。

部隊指揮官王宗炎將軍、李老師都曾受過嚴格的特戰突擊訓練，李老師更是身經百戰的蛙人隊長，具備豐富的特殊地形作戰、出任務的經驗，他們深知此一任務的艱鉅和兇險，多次率領幾位相關的教官，實地現勘沿線的地形，評估可能發生的狀況，策訂因應措施。

　　最早一次現地偵察，原擬聘請泰武原住民當嚮導，不料當地正在舉行傳統石板屋蓋房子比賽，再多的酬勞都不為所動。無奈之下，我們只有硬著頭皮，憑著地圖、指北針，並參考登山隊遺留的路標，摸索著前進，幾度差點走岔，或遭遇與地圖不符的絕路（被雨水沖刷坍落），最後憑著王指揮官與李老師的經驗和智慧，終能化險為夷，在山霧籠罩的狀況下，順利穿越山區抵達瑪家村。後來敲定行軍路線時，發現無法避開部分外臨懸崖、僅容一人通過的路段，李老師乃指示訂

◎野營行軍訓練北大武山案，陸官正五十一期學生部隊魚貫攀沿保險繩，通過險峻山徑，步步為營之照片。

購錨釘與粗麻繩，親率教官與勤指部身強體壯的公差，上山逐段拉起保險繩。演習後，因為大部隊踩踏，山徑嚴重坍塌，顧慮回收作業具高度危險性，這些保險繩便永遠牢牢釘在北大武山的巖壁上，無緣取回再利用。

嗣後經檢討，這個防險保障工作，對於維護全體參與演習官師生兵的安全，的確發揮了關鍵性的作用，也驗證了軍事訓練可能面對的風險，是可以透過事前充分的設想與準備，有效加以化解。（時隔四十餘年，又歷經莫拉克等風災的沖刷，現在這些錨釘與保險麻繩應該是屍骨無存了吧？）

北大武山野營是一個艱難險阻的訓練，在所有參與的官師生兵心中，都烙下難以抹滅的深刻印象，五十一期被稱為「北大武山英雄」，絕非浪得虛名，我個人更是像被打通任督二脈一般，在計畫作為與野戰實務方

◎正五十一期野營行軍訓練,學生部隊在 道路兩側徒步行軍。

◎李承山老師在合歡山寒訓中心與朱玉書、李豐池等二人合影。

面,獲得重大啟發,受益匪淺。那次訓練的總檢討報告,由我操刀撰寫,演習結束前夕,在大社嘉誠國小露營時完成初稿後,呈請李老師指導、修改,他仔細瀏覽了一遍,隻字未改,只交代了一句話:「寫得很好,趕快送回學校打印!」那種被肯定與信任的感覺,真的令人愉快,歷經四十餘年,依然沒有忘記。

● 豪爽義氣,愛護後進

　　經過一年戰術組的歷練,我被下放到學生連當連長,所帶的學生就是經歷兩次野營訓練的五十一期(七十一年班),那一年李老師也高升副總教官。此後,我帶領學七連的學生,追隨指揮官馬登鶴將軍暨李老師,參加過合歡山的寒訓,六龜、甲仙山區,庵婆加山、十八羅漢山,獅子鄉、壽卡等多次的野營山陬行軍,只是我的角色由教官轉換為隊職官,而主課教官已由四十六期的朱玉書和四十七期的許舜南、鄭德美接手。此後兩年半的任期,我帶著學生徒步踏遍了高雄和屏東的山區,磨礪了體力、耐力和意志力,也提升了官生的軍事實務經驗。這段時間,李老師一直都是整個訓練的導師,對我的指導與照

65

顧，並不因為我已離開教官組而稍減，反而因為少了長官部屬的隸屬關係，彼此之間更增添了濃厚的師生情份。

李老師是河北人，有北方人的豪爽性格，好客講義氣。師母黃玉蓮女士，篤信佛教，是臺灣勤儉樸實的客家人，慷慨大方、慈藹而溫暖。他們對於帶過的各期官校生，無論是正期、專修或專科生，都非常愛護。因此，家住中北部的教官同仁，以及在學的官校生，經常受邀到老師家作客，去的時候，通常是帶「兩串蕉」（空手）。吃飯時以麵食、水餃為多，加上師母從菜市場買回來的滷味和小菜。應邀或到訪的人，少則三、五位，人多時有十來個。記得有一次四十七期十來位同學（包括劉宗勇、鄭德美、李豐池、杜國利、王臺倫……等人）相約去拜訪老師，老師和師母留他們便餐，麵條煮了兩大鍋，還有幾大盤的水餃與小菜，我和崇臺臨時被徵召去擔任接待，忙得滿頭大汗，印象深刻。到訪的人多量也大，而且次數頻繁，雖然只是一些簡單的麵食和滷味，但這些花費對老師和師母都是不小的負擔。師母在工協市場擺攤賺的錢，大多貼到裡面去了，但他們看到來訪的教官與年輕學生，都笑逐顏開，眉頭從沒皺過一次。當年我們都太年輕，不能體會那種狀況，各自成家之後有了家計壓力，才慢慢瞭解李老師暨師母的器度和愛心。

◎昔日舊屬和學生探望李承山老師暨師母，歡聚一堂。

● 永遠的黃埔老師！

　　教官組的前後期同學歷練完連長，都陸續下了部隊，李老師仍然關心每一個人在單位的表現與發展，經常會寫信或用電話鼓勵我們。我們下部隊，擔任重要職務，有了發展，老師比誰都高興，師母在誦經唸佛時，都會幫我們每一個人祈福，希望我們在生活與工作上皆能順順利利。

　　老師暨師母也關懷每一個人的婚姻和家庭，截至目前，他雖已高齡九十六歲，依然可以非常熟稔的叫出每位教官的太太，以及兒女的名字。教官們的孩子結婚，他都會長途跋涉、不辭辛勞去道賀，並且致贈他特別書寫、不落俗套的賀辭，讓大家都很感動。我們每年年底都會有一次大的聚會，他暨師母都會交代我發通知時，莫忘了叮嚀大夥兒要攜伴參加。後來，因為有遠道來高雄參加聚會的教官，在回程開車發生意外，雖未釀成大禍，但使老師暨師母頗感內疚，在往後的時間裡，師母都不贊成我們辦大型的聚會，但大夥還是迫切期待那每年難得一起歡聚的時光。

◎作者夫婦暨羅際琴將軍探望李承山老師暨師母。

　　民國九十四年（2005）四月，我調步兵訓練指揮部指揮官兼步兵學校校長，洪廷舉擔任中正預校校長。是年年底，適逢老師七十七歲大壽，我們在高雄市八五大樓四十五樓的餐廳，席開十餘桌，除了當年戰術組的各期班年輕教官、官校的老同事（如蕭筧民社長），還邀請了老教官廖昌善、熊治魯、陳金福……，以及老師的民間友人陳三姊、趙董等人參加。餐會由羅際琴擔任司儀，妙語如珠，逗得老師很開心，與會者都是自己人，觥籌交錯，氣氛極嗨。老師很欣慰我和廷舉回到鳳山任職，召集這麼多的師兄弟暨故舊，齊聚一堂，當晚喝醉了，據老師的大女兒景秀回憶，那是老師多年來第一次醉酒，因為他實在太高興了。

　　此外，只要有機會，老師總是希望把我們推薦給一些他曾帶過、且深具發展潛力的先期大學長，拜託他們能提攜和指導這群他苦心栽培過的小老弟。記憶裡，某次在信義俱樂部慶祝其長孫冠沛滿月的宴會上，李老師特別邀請了一位陸軍最被看好的將領暨夫人蒞會，並把組上從四十五到四十九期的每位教官，逐一介紹，推薦給他，希望有機會多予提拔，使整個彌月宴會，霎時好像變成人才推薦會，彌月的喜悅反而退居次位。推薦的效果，因各人的發展際遇不同而異，但李老師愛護人才、為軍隊舉薦人才的用心，讓人感動。

　　李老師年輕時，在兩棲部隊與敵軍拚鬥，出生入死，為國家犧牲奉獻。離開部隊調到陸軍官校，擔任教官或顧問老師，不僅致力母校軍事訓練素質的提升，更重視學生忠誠精實核心價值的培養。退休後，他定居鳳山，所有的生活重心，幾乎都圍繞著黃埔的人事地物，甚至連每兩週的理髮，都習慣找官校的趙小姐代勞，數十年如一日。他心心念念的，還是陸官的學校教育，牽掛的永遠是國軍人才的養成與栽培。我經常去探望他，彼此對話中，總脫離不了憂國憂民、國計民生的話題，他對國家、國軍一直抱持著感恩、關愛之心。在老袍澤、老學生心目中，他是永遠忠貞愛國的中華民國派，更是永遠受大家敬愛的黃埔老師。

　　如今，老師高齡已近期頤，由於早年的磨練，迄今依然硬朗健碩。回顧往昔與他相處的點點滴滴，個人內心充滿感恩、孺慕之情，也將永遠珍惜這段如師生、如父子的人生情緣。

五、從牧童、士兵到將軍的勵志人生：王宗炎將軍

　　王宗炎將軍，是我的老長官。襁褓喪母，童稚喪父，淪為大陸湖北窮困的鄉下牧童。嗣因國共內戰，從軍來臺，不願向命運低頭，運用公餘自我進修，艱苦奮鬥，力爭上游，一路從最基層的士兵，戮力攀爬到高階將領，一生充滿傳奇的勵志色彩，令人欽佩。

● 命運多舛，從牧童、士兵到將軍

　　王將軍是湖北漢陽人，民國二十二年（1933）農曆二月十五日生於漢口市，出生未滿周歲，慈親辭世。父親原為殷實的商人，抗日戰爭軍興，其父經營的輪船公司，盡毀於日寇的狂轟濫炸，不得已帶著不滿五歲的他，返回原籍耕種幾畝祖遺薄田為生，父子相依為命。不意在王將軍九歲時，父親棄養，因家中一貧如洗，無法料理後事，乃由族親做主，變賣僅有的田產以支應。他孤苦無依，為了生計開始多年的牧童生涯。日寇侵華時，湘鄂是四川抗戰基地的屏障，日軍侵掠甚劇，因此發生鄂西、長沙等多次大規模的會戰，生靈塗炭，國土如墟。王將軍幼年至青少年時期，顛沛流離於戰禍摧殘之間，輾轉在困苦和饑荒之中，目擊敵人姦殺擄掠之殘暴，深切體認覆巢之下無完卵，保家衛國匹夫有責。

◎王宗炎指揮官玉照（資料來源：黃埔校史館）。

鳳山黃埔舊事

　　民國三十五年（1946），抗戰勝利翌年，他在親人支持下，終能入學為學童。惜乎國共內戰隨即爆發，讀到國小三年級的王將軍只能輟學，故其正規的學校教育戛然而止。民國三十八年（1949）春，共軍席捲整個大陸，局勢迅速逆轉，戰火迅速漫延至湖北，十六歲的王將軍面臨人生的重大抉擇。同年四月，他在武昌投效海軍陸戰隊整編第二師，由二等通信兵幹起，逐步晉升至下士三級，歷時九年半。其所屬的部隊，經過多次整編搬遷，最後駐地位於林園清水巖，他每每經過該營區，回憶昔日部隊基層的生活點滴，都有無限感慨，也對陸戰隊栽培之恩，緊記在心。

　　王將軍深知知識之重要性，公餘發憤自修，參加部隊隨營補習，苦學外文，蓄積自己的學養。在長官鼓勵下，於民國四十四年（1955）九月，投考陸軍官校，民國四十八年（1959）順利畢業（正期二十八期）。嗣後，考進外語學校留美儲訓班，因成績優異，民國五十一年（1962）奉派到美軍步兵學校接受空降與突擊兩個班次的訓練。隨著職階的升遷，曾到陸軍步兵學校高級班、三軍大學陸軍指揮參謀學院，以及戰爭學院兵學研究所深造，使其具備廣闊的視野和豐厚的戰略、戰術素養。

　　王將軍軍旅生涯，從基層的士兵幹起，歷任步兵排、連、營、旅長、師長、情報署長，野戰步兵師、軍級和軍團的幕僚長，海軍陸戰隊中將副司令與總統府參軍，民國八十年（1991）外職停役，轉任退輔會屏東榮家主任，民國八十二年（1993）四月，以海軍中將階屆齡辦理退伍，榮家主任則於八十七年（1998）九月卸任，學經歷紮實而完整，為國家、國軍暨榮民奉獻一生。他從最低階的二等兵幹起，一路攀爬到中將，由海軍轉任陸軍，再由陸軍回到海軍，且轉任文官並正式退

休，其經歷特殊而罕見，堪稱傳奇。

　　王將軍從不諱言自己貧苦出身，以及曾為基層士兵的身分，並且經常以此勉勵所屬和學生：「英雄不怕出身低，只要肯努力，奮發向上，必有所成。」筆者清楚記得當年在陸官的一段往事：官校四十八期在中正堂集合，按照成績依序上臺填選兵科時，諸多名列前茅的同學，都捨棄戰鬥兵科而選填戰鬥支援兵科。時任學指部指揮官的王將軍，唯恐部隊兵科素質失衡，情急之下，叫停選科程序，親自上講臺精神喊話，並以自己人生經驗為例，手指著軍服上的將星領章，略帶湖北鄉音、感性的說：「指揮官九歲時是 Cow Boy（牧童），十六歲當了學兵，後來進官校選了步兵，到現在～星光閃閃。同學們選兵科一筆定終生，與未來的軍旅前途發展息息相關，建議大家選科時，要有前瞻的眼光和開闊的視野，選擇戰鬥兵科是先苦後樂，光明前程值得期待。」他的精神喊話有沒有發揮效果，因年代久遠，個人已不復記憶，但對他手指將星，感性、激動大聲疾呼的生動畫面，迄今依然印象深刻。

● 勤勉嚴格，絕對貫徹命令的領導者

　　個人有幸多次在王將軍麾下任職，對他的領導風格和工作理念，體會甚深。謹此將記憶所及的一些故事，白紙黑字寫下來，雪泥鴻爪，為歷史留紀錄，也代表我對王將軍的崇敬與懷念。

　　王將軍帶兵、練兵和用兵，有其獨特的風格，有人欣賞他，也有人持負面看法，甚至心存怨懟。但沒有人可以否認：他公正廉明、勤勞刻苦，自律甚嚴，治軍嚴格，嫉惡如仇。他要求部屬「食國之俸祿，不可尸位素餐」，必須勤勉敬業，對投機取巧、敷衍塞責之輩，深惡痛絕，經告誡後，如仍未改進者，懲處迅猛，毫不留情。因此，有人認為他的

領導統御太過苛刻嚴酷。但大部分被他帶過的軍士官幹部，雖覺工作與精神壓力山大，但只要把份內工作做好，在適應上並無困難。

個人首度追隨王將軍是在陸軍官校。民國六十六年底（1977），總教官兼學指部指揮官孫瑨珉將軍高升陸軍一九三師師長，由王將軍接替他的職位。彼時，我是學生第四連的中尉副連長，階層相差甚遠，且為副主官職，與指揮官本無多大接觸機會，但因本連連長金園中少校（四十二期學長）帶職到步校正規班受訓，由我代理連長，得以參加許多由指揮官或校長主持的會議和活動。

王將軍履新後，展現了與孫指揮官迥然不同的領導風格。孫將軍口才便給，反應敏捷，創意十足，但御下較為寬鬆。而王將軍則是實打實地的緊繃領導管理，他認為官校的養成教育是一個軍官奠基造型最重要的階段，而教育的成敗，隊職幹部的身教與言教，具有關鍵性的作用。因此，他對留校幹部的要求極為嚴格，秉持「標準高，規矩大，督導嚴，考核實」的原則，務期工作做到盡善盡美，給學生做正確的示範。

他不僅嚴格，對所屬隊職幹部來說，最大的壓力，則是來自於他異於常人的勤快、毅力和旺盛的精力。譬如：他規定各連的隊職官每天要比學生提早三十分鐘起床，在學生起床前十分鐘站到定位。連長的位置，在樓下中央走廊（連長不在，代理人亦然），連值星官則在二樓相對位置，各級實習幹部比照辦理。俟起床號和值星人員的哨音同步響起，得以掌握學生起床後的動作。王將軍以身作則，比隊職官更早起床，在學生起床前，已經開始快步穿過各連的中央走廊，巡視北營區所有學生兵舍一圈，督導幹部就位。

晚上就寢前，他同樣會巡視所有學生寢室一圈，瞭解學生就寢和

夜讀的狀況。因為王將軍每天由雨農樓指揮部出發，視導繞行的方向不同，抵達各連時間的早晚，也不盡相同。有貪睡的年輕軍官想博一下運氣，猜測當天指揮官到底是順時針還是逆時針方向巡視，藉以多賴一會兒牀。據我所知，大多以悲劇收場。因為王將軍行蹤飄忽不定、神出鬼沒，猜對的機率不高，只得認命的按照規定執行。

看過學生連隊起床或就寢情況後，王將軍會轉往醫務所探望急診留觀的學生和南營區各連（倘若四年級學生在校）。早點名、跑步和晨讀時，他會徒步或騎著腳踏車繞著轉，讓官生都看得他。視導時，若遇到幹部未就定位，都會嚴厲告誡，被發現賴床者，第一次警告，第二次即予申誡以上之處分，而且在翌日上班後，人令就會嚴嚴實實的擺在被處罰者的桌上，效率之高，令人咋舌，也的確發揮了殺一儆百的效果。除了晨間的督導，教室督課、一般環境內務檢查，同樣綿密而勤快。

王將軍緊迫盯人的走動式管理，貫徹始終，整個任期內除了公出或重大事故，從未間斷，其毅力之驚人，執行力之徹底，是個人軍旅過程僅見的極少數長官之一，讓人不得不佩服。巡視校園時，他不帶隨從與幕僚，也不要求單位主官陪同，獨自一人，永遠是步履輕快、擡頭挺胸，眼睛像雷達一般四下掃射，好似有用不完的精力。因此，我們感覺指揮官隨時隨地都可能出現在自己的身邊，不容稍有懈怠，工作壓力之大，可想而知。但在潛移默化中，也逼迫著幹部養成勤走基層、嚴密督導部隊和緊盯細節的習慣。個人下部隊後，歷練各級指揮職時，勤於督導部隊，視為當然之事，不覺其苦，實拜王將軍之啟迪和影響。有老同事曾說：「軍旅過程在王某人手下幹過，以後無論遇到多麼嚴苛的長官，都沒有什麼好怕的！」這句話在當年留校的幹

部心中，絕對是刻骨銘心，深表同感。而對其時在校的正期四十七至五十二期學生，應該也有著深遠的影響吧。

◎指揮官王宗炎將軍在塞爾大樓教室督課，檢查學生作業，後方揹團值星帶者為學二營長姜旭頤中校，前方揹營值星帶陪檢者為時任學七連連長的作者。

　　王將軍公正嚴明，是非分得十分清楚，當賞則賞，當罰則罰，一點都不含糊。最明確的例證，彰顯在幹部考績績等的分配。當年打考績的方式，是以建制單位為主，不分職務大小和階級高低一起評比。在論資排輩的文化影響下，通常甲等以上的績等，在連長以上，大致分配殆盡。副連長、排長欲獲得甲等，幾乎是鳳毛麟角，非常難得。筆者在民國六十六年度當選全校的績優排長，但考績仍不出意外的吃了鴨子（乙上，這是當年考績最正常的一般績等，與現今甲等最普遍不同）。王將軍打破既有慣例，按照每個人工作績效，給予應得的績等。因此，我和

◎官校五十四週年校慶，也是國民革命軍北伐成功五十週年紀念，閱兵部隊多達五十
　個正面，從中正堂屋頂俯瞰浩大陣容。

◎陸軍官校司令台前集合場，原是四百公尺煤渣跑道，在民國六十七
　年（1978）校慶前改舖為水泥地坪，使用迄今已經超過四十五年。

幾位副連長、排長幸運的得以脫離養鴨人家的行列。排長時的乙上考績，成為我軍旅生涯的唯一，在兵籍表上反而更顯突出與稀罕。

　　民國六十七年（1978）校慶（埔光五十四號演習），也是國民革命軍北伐成功五十週年，國防部指示擴大慶祝，三軍官校、政戰學校，與中正預校學生連隊，都將參加蔣總統經國先生主持的校閱和慶祝典禮。入列的連隊與人數都是創紀錄的，多達五十幾個正面。如何維持閱兵線、分列式動線，以及成聽訓隊形後，慶祝典禮場面的順暢和嚴整，無疑是一個嚴酷的挑戰與問題。尤其是司令臺前原有的煤渣跑道和運動場，遷移到中正堂前面，改舖設成一大片的水

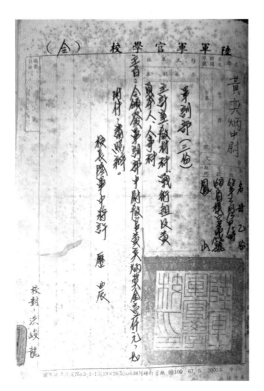

◎作者策劃正五十一期野營訓練並彙整訓練紀實優異獎勵人令。

◎北大武山野營訓練案，作者任狀況管制官（承辦人）與總教官王宗炎將軍（中）、李承山組長（左）合照。

泥坪，往昔的一些基準點都不見了，排列更難迅速整齊，且各部隊向心集合時瞬間的混亂，在白刷刷廣袤的地面，較諸草地更易突顯。於是王將軍指派我和學十五連的排長畢學文（四十六期實習旅長）負責標定打點的重責大任。

接奉命令後，我們把學生時代修過的「測量學」課程翻出來複習一遍。先研討策訂作業程序，以司令臺上方的國徽中心點為基準，用經緯儀測量，由司令臺正中央到校史館與中正圖書館（該館歷經多次搬遷、改裝，現在已經不是圖書館）中間拉出基準線，然後展開後續的作業。作業時，王將軍每天都會到操場指導、鼓勵和慰勉，對於工作的效率、品質和後續在校慶時發揮的輔助效果，也頗為肯定。

校慶後的七月一日，我從學四連副連長調到軍訓部戰術組擔任教官，仍在王將軍麾下。王將軍對當時由隊職官調任教官的資淺軍官，指導、關照有加，期望也很高，很多軍事訓練的重大任務，都指定我們參與。因此，在教官任內，我除了主課「伍哨與巡查」、「班哨」和「排哨」等駐止間警戒課程外，還由王將軍指定與電視製作中心配合，編寫教學影片的腳本，並訓練演出的示範兵。以及主辦第一、二次的山地野營行軍訓練，在這些任務執行過程中，他給予的諸多指導，讓我獲益匪淺。

民國六十八年（1979）八月，北大武山野營訓練案完成後，我調回學指部擔任學七連連長，仍在王將軍的指揮下，適應其領導風格毫無困難。同年年底，王將軍離職後，我們仍然很關心這位老長官的動向。知道他調陸軍二三四師師長了，參加師對抗，掛著點滴照常做兵推，能用教鞭精準快速點中兵棋臺上的「尖山要隘」（中港溪南岸的地形要點，瞰制南北各要道）位置；後來調情報署長，在林口的高速公路出了嚴重車禍……。隨著我卸下連長職務、進步校正規班受訓，考上政戰學校政治研究所碩士班，到復興崗進修，因為單位不同，消息閉塞，加上忙於研究所的課業和碩士論文，對他的情況比較不瞭解。

民國七十四年（1985）夏季，我由研究所畢業，被分配到第十軍團的步兵二九二師擔任參三科的大訓練官。「長勝一號」師對抗演習剛結束，就由時任軍團參謀長的王將軍推薦，令調擔任新任軍團司令汪多志中將的隨從參謀。我明白雖然彼此沒有連繫，但王將軍一直都很關心並掌握我們這些老部下的動態，俟機拔擢。

◎陸官校正五十一期野營行軍訓練第一案「清水巖～旗山案」執行概況。

　　我被令調軍團司辦室，時間長達一年半。此期間，王將軍教導我很多部隊的實務、參謀作業的要領，以及長官個人參謀應該注意的事項，對筆者適應野戰部隊環境與工作，助益甚鉅。我在個人參謀職務後期，同期同學大多幹完營長，有些甚至已經進了陸院深造。王將軍瞭解經管限制的時間迫近，經司令汪中將同意，積極為我安排歷練營長的人事。經司令核可，派任原單位（二九二師）步七營營長。

　　在我離職後七個月，民國七十七年（1988）初，王將軍終於擺脫連幹兩年七個月的軍團參謀長，調到海軍陸戰隊去佔中將缺，這是一個完全出人意外的人事安排，原陸戰隊通信士官歷經奮鬥，晉升至中將副司令，固然勵志，但離開老單位三十二年，陸戰隊的編裝與部隊情況，早已產生劇烈變遷，對長期在陸軍單位服務的王將軍而言，陸戰隊還會是原來的陸戰隊嗎？因此，他對這遲來的升遷並無喜悅之感，我到軍團道賀他高升，王將軍以一種無奈又自嘲的口吻回答：「山上

的老虎，被調到海邊去捕魚了，有什麼值得恭喜的？」雖然如此，據悉他敬業勤勉的作風依舊，並未因此而懈怠。

民國七十八年（1989），王將軍調總統府參軍，嗣後再外職停役，轉任屏東榮家主任，照顧孤苦無依的老榮民，逐漸淡出他所摯愛的軍旅生涯。後來，他在任內心臟開了一個大刀，一向硬朗的身體逐漸走下坡。民國八十七年（1998）九月，我在金防部服務，他年滿六十五歲，從榮服處退休，正式告別所有公職，回歸家庭。

在王將軍正式告別軍職後，我逢年過節都會給他寄卡片或送點小禮物，聊表問候之意。他偶爾也會在電話裡表示謝意。民國一〇二年（2013）七月，我停年屆滿退伍。中秋節循例託人送去小小的節敬，他特別向來人要了我住家的電話，來電致謝並問起我是不是還在國防部？我向他報告：年中剛剛退伍，目前賦閒在家。他聽後「喔」了一聲，沈吟許久沒有說話，稍後安慰我說：「可惜了！但沒有關係，你還年輕，往後還可以做很多事，祝福你再造事業第二春。」在掛電話時，話機未落，聽見他對旁邊的家人（應該是王夫人）說：「我這老弟已經退伍了，還給我送禮……。」言下之意，很覺欣慰。飲水思源本是做人最基本的道理，給曾提拔、照顧過自己的老長官，年節致意問候也是理所當然，不是什麼了不起的事，但在已經退伍多年的老長官心中，應該是有著不同的感受吧！

民國一〇四年（2015）三月，小女懿寧結婚，邀請王將軍伉儷蒞臨，他那時身體狀況已經非常不理想，每下愈況，家人勸他不必勉強，但他仍然撐著虛弱的身子，親自蒞臨道賀。喜宴時，我特別安排當年在官校的一些老部下：王興尉、洪廷舉、許舜南暨幾位四十七到五十二期的學生同桌作陪，他眼見昔日的舊屬、帶過的學生，經過

三十幾年的歷練，皆有所成，頗感欣慰，這是我最後一次見到王將軍。

　　去年（2023）端午節前，我委請大南公司老同事幫忙送禮給王將軍，不意獲其家屬告知：王先生已經在當年（2023）五月二十九日辭世，享壽九十二歲，讓人震悼。哲人其萎，環顧王將軍的一生勤勉敬業、苦幹實幹，治軍嚴謹，為國家、國軍和榮民犧牲奉獻，令人敬佩。而其從湖北鄉下窮苦牧童、基層部隊二等兵，歷經萬般艱難困頓，憑藉刻苦耐勞、堅毅不拔的精神，力爭上游，終能晉升高級將領，為國家與軍隊擔負更大責任，其奮鬥過程充滿傳奇色彩，更值得後期的學弟、學妹們效法。

◎陸軍官校校園司令臺暨大操場

六、如師如父的生命導師：馬登鶴校長

◎陸軍官校北營區雨農樓，是學生部隊指揮部所在（資料來源：黃埔校史館）。

總教官兼指揮官
馬登鶴上校

◎馬登鶴指揮官（資料來源：黃埔校史館）。

馬校長是我軍旅生涯的生命導師，如師如父；在他擔任陸軍官校學指部指揮官、二九二師師長、和陸軍官校校長時，我曾三度在馬校長麾下，長期受其指導與薰陶，影響我至深至遠。校長是鐵錚錚的東北漢子，為人處事剛毅正直、率真果敢，又不失鐵漢柔情，典型的「望之儼然，即之也溫」偶像。

早在官校學生時代，我就經常聽到預備班（預十四期）的同學提起他們的老營長：馬登鶴中校。他剛從美國受訓歸國，奉派返回母校服務。馬先生身材魁梧，相貌堂堂，威儀出眾。平素對學生講話，簡明扼要，要言不煩，非常瀟灑、寬厚、幽默，很貼近年輕人的想法，受到學生們敬愛，可惜我一直都無緣一睹英姿。

初識馬校長，是民國六十八年（1979）年底。是時，我仍然擔任學七連連長一職，馬先生接替王宗炎將軍，出任官校總教官兼學生部隊指揮官。較諸王將軍緊繃式的領導風格，

鳳山黃埔舊事

嚴厲而緊繃，馬先生的弛繮領導，明顯的較為寬鬆與舒緩。他充分授權、平易近人，給予部下較大的發揮空間與彈性。兩種風格之差異，有如漢代名將程不識與李廣，相去甚遠，同樣可以達成任務，但給部屬的感受，卻截然不同。

　　馬先生在指揮官任內，重話輕說，很少疾言厲色，印象裡從未見他動怒的畫面。領導作風如司馬遷在〈循吏列傳〉裡所言：「奉法循理之吏，不伐功矜能。」他腳踏實地，工作指導明確，各階層的權責清晰，屬營連長的工作，就充分授權，很少干涉。此期間，我印象較深刻的一件事，就是民國六十九年（1980）校慶「埔光五十六號演習」前的閱兵分列正步練習，馬先生指導了執行要領和要求標準後，完全信任基層達成任務的意志和能力，他就放手了。某次巧遇本連在校史館前的馬路練習正步，他走過我們的身邊，只對部隊說了一句：「辛苦了，加油！指揮官相信學七連會做得很好！」指揮官的信任，促使官生更賣力積極要把正步練好，那是鼓勵下的動力，其實有著更好的效果。

◎作者在馬先生麾下任連長時，偕妻素真、長女懿慈，在官校學生聯合大餐廳參加由朱致遠校長主持的除夕會餐（民國七十年除夕，慈一歲多）。

◎舊時北營區學生聯合餐廳，可同時容納二千餘人用餐，現已改為羽球體育館（資料來源：黃埔校史館）。

◎校長朱致遠中將視導野營訓練連隊，前排左起副總教官時作新上校、政戰主任馬家珍將軍、朱致遠校長、戰術組李承山組長、馬登鶴指揮官、姜旭頤營長，後排著草綠服為隊職官，另一位為總教官室教學組長朱中校。

◎校長朱致遠中將視導野營訓練學生部隊，左起為戰術組主任教官邢裔周中校、戰術組長王榮昌上校、政戰主任馬家珍將軍、朱致遠校長、馬登鶴指揮官、李承山副總教官、醫務所主任。

鳳山黃埔舊事

馬先生對不同背景的幹部，唯才是用，沒有親疏之分。我是聯招生，不是馬先生預備班的老學生，但他一視同仁，考核考績公平對待。他多次無預警蒞臨本連視導，發現環境內務、內部管理，一直能維持一定的水準。因此，沒有預先通知的外賓參觀或老學長懷舊，想看看學生連隊的實際情況，他都會毫不猶豫的指定帶到我們連上來。事實上，本連也的確沒有讓他失望過。

此外，在連長任內，我帶領學七連的學生，追隨馬先生，參加過六龜、甲仙山區，庵婆加山、十八羅漢山，獅子鄉、壽卡和車城等多次的野營山陬行軍訓練，這段時間，我們帶著學生徒步踏遍了高雄和屏東的山區。馬先生在訓練過程中，除了關鍵險要或交通流量較大的地段，他會驅車前往探

◎作者任學生部隊連長於野營行軍訓練途中，與學生在大樹嶺
　口文化院前臺階午餐。

勘、督導交管，大部分的時間都持一根克難的登山杖，默默的走在部
隊的先頭，給大家一種「臨陣當先，請跟我來」的示範作用，一種無
形的感召力，讓全體官生也都咬緊牙關，一步步向前邁進。馬先生認
為執行所有軍事任務，最高的境界是：「全軍破敵」，意思是在人員、
武器裝備沒有傷損的狀況下，圓滿達成所望目標。作戰如此，訓練更
是如此。這幾次野營行軍訓練，磨礪了官生的體力、耐力和意志力，
以及軍事實務經驗，且全程未曾發生任何重大軍紀安全事件，的確達
到「全軍破敵」的要求，馬先生每一提及，輒感欣慰。

　　民國六十九年（1980）冬季，五十一期到合歡山寒訓中心實施山、
寒訓。較諸前述野營行軍的勞苦，官生都特別興奮和期待。個人深知
高山嚴寒，有著不同的風險，特別重視訓練的準備工作。當時，本連
被分配入駐合歡山莊，因為打前瞻的副連長龔建國中尉和學生們準備
細緻而充分，向寒訓中心調借的經理裝備（防潮棉被、枕頭、防寒大

衣、臉盆、牙缸等）皆已擺到定位，甚至連床舖的名條都已經貼好了，同學一進山莊，即可第一時間找到自己的舖位，有條不紊，早早就開始休息了，而其他連的進度遠遠不如。馬先生巡視各連，對本連的效率大為肯定。

◎官校五十一期寒訓，李老師與學二營營連級幹部合影，前排左起學十連連長褚先平（44期）、作者、學八連連長洪廷舉、主課教官朱玉書，後排左起學九連連長萬俊傑（43期）、營輔導長盛永明少校、李承山老師、營長姜旭頤中校，副營長羅秋龍少校（42期）、學六連連長（42期）。

◎陸官校正五十一期野營行軍訓練（寒訓）由霧社徒步行軍至合歡山，進入寒訓中心時，受到師長們的歡迎與鼓勵。

◎陸軍官校正五十一期野營行軍訓練：寒訓，徒步行軍至合歡山途中，作者與李承山老師、學八連連長洪廷舉在霧社碧湖合影。

再者，三軍四校聯合畢業典禮在復興崗舉行。前兩週的反共復國
教育，規劃有各項藝文或運動競賽，是養成教育成果的比較，基於校
譽，各校無不暗中較勁，都不敢掉以輕心，且慎選帶隊的學生連長，
希望激發學生有更好的表現。個人很榮幸連續三年被選中，追隨馬先
生帶領畢業班到北投復興崗參加反共復國教育（民國六十八、六十九
和七十年，分別帶領四十八、四十九、五十期），我與洪廷舉、向駿
和王興尉等連長通力合作，幸能不辱使命。

◎大漢山野營訓練案，校長黃幸強中將親率演習部隊實施山隘行軍。

任務完成後，馬先生邀請我們幾個學生連長到他信義路五段的寓
所，享用由他暨師母親自料理，最地道的東北傳統美食：酸菜白肉火
鍋。餐後，馬先生婉拒我們的幫忙，親自到廚房刷洗碗筷和鍋具，從

習慣性挽起袖子、熟練的動作，可以知道他平日在家是經常做家事的，這件看似平常的事，給我相當大的啟發，讓我印象非常深刻。我想：一個軍人在軍隊中，無論其地位有多崇隆，多麼受到敬重，回歸家庭，他就是父母的孝順小孩、妻子的另一半，子女的父親，畢竟家才是軍人最後的城堡。

◎野營訓練案，校長黃幸強中將在車城慰問演習部隊，前排為各連連長，後排左起王榮昌組長、馬登鶴指揮官、黃幸強校長、政戰部副主任、李承山副總教官、姜旭頤營長。

◎校長黃幸強中將（右一）親率學生部隊野營訓練，於途中大休息，與李承山老師（左一）、
　馬登鶴指揮官（中間）合影。

　　民國七十年（1981）年底，馬先生先調成功嶺一〇四師副師長，
繼而前往金門代理陸軍二九二師副師長的第二年，我進步校正規班受
訓，接著考上政戰學校政研所碩士班，此期間（1983-1985），都是
由同學或老同事通報馬先生的動態，知道他調陸軍航空指揮部指揮官
（註：據悉馬先生是極少數具有輕航空飛機駕駛員資格的陸階將領，
黃植誠叛逃大陸案後，為了穩定軍心並進行檢討整頓，故做此人事安
排），任滿後調任二九二師師長，駐地在苗栗大坪頂。那時候，有很
多留校期滿、與部隊進行交流的學弟：朱玉書、鄭德美、李豐池……
等多人，都選擇輪調到二九二師，足見馬先生之受敬愛，以及號召力
之強大。

民國七十四年（1985）研究所畢業前，我婉拒政戰學校總教官室挽留擔任軍事教官的徵詢，選擇回軍到野戰部隊歷練。個人寫信給馬先生，表達投身麾下的意願，馬先生立即表達歡迎之意，並指示參一科辦理徵調手續。同年六月，我順利到苗栗大坪頂東營區報到，原本規劃派任步兵第七營副營長（營長是四十三期的方穗民學長），讓我先適應一下野戰部隊的環境與生活，但為時任參三科科長的老長官姜旭頤中校中途攔截，改派該科大訓練官，展開半年多的艱辛挑戰。

奕炳弟

馬登鶴贈 七十七

陸軍軍官學校

◎馬校長於指揮官任內致贈時任連長的作者之照片。

在重裝步兵師，大訓練官是一個非常忙碌而吃重的職務，負責訓練綜合、年度訓練實施計畫，以及步兵部隊的基地訓練等業務，幾乎全年無休。在此職務任上，我曾被限定在一週內，重新完成全師次一年度訓練實施計劃的翻修。（註：當年所謂「年度」的時段，是從當年七月一日到次年六月三十日，後來才改成與日曆年同步。）這個計劃，原已由一位輪調金東師的楊少校完成，但因為不符合總部當年訓

練五大革新的要求，被督導官嚴厲糾正，並上報軍團司令趙中將。趙司令獲報後，大發雷霆，要求於一週內完成大修並上呈。為了在期限內達成任務，我整整一個禮拜都睡在兵棋室裡，沒有時間運動或回寢室洗澡，終能在司令的期限內繳卷，馬先生都一一看在眼裡。

同年（1985）年底，個人追隨馬先生先後參加了師指揮所演習、「長勝一號」步兵師實兵對抗演習等重大任務。師對抗時，我被指派為作參官，在師指揮所負責重要軍情的掌握與回報，以及撰寫藍軍的總檢討報告。因此，得以近身觀察馬先生精準掌握演習目的，不逾越教制令，沉著穩健、指揮若定的將校風範，獲益匪淺。這場全員全裝參與的大規模演習，本師在人裝都安全「全軍破敵」的狀況下，圓滿達成任務，馬先生對於演習結果頗為滿意。

第二十任校長
民國八十二年九月一日
至八十五年七月一日
本校二十九期畢業瀋陽市

◎馬登鶴校長玉照（資料來源：黃埔校史館）。

演習結束，我被令調軍團後不久，馬先生先調陸軍總司令部計劃署署長，任滿高升砲兵訓練指揮部指揮官兼砲校校長。斯時，我在苗栗師擔任海防營長，在梧棲駐地給他寫了一封賀函，恭喜他榮晉中將（1988）。他非常慎重用毛筆給我回了信，信中摒除一般應酬式的辭藻，滿滿兩頁都是家國之愛，感恩之情，以及給我的勉勵，這封信個人珍藏至今。

後來，馬先生歷任陸軍第六軍團副司令，國防部部長辦公室主任，並罕見回頭出任軍級指揮官，接任

三十一期學弟顏忠誠的花東防衛司令部司令官，最終又調回官校，接任三十三期楊德智將軍的校長乙職，徘徊逡巡，經歷非常特殊，箇中用意不言而喻。

　　馬先生調回官校後（1993），並無任何怨言，仍孜孜不倦於校務的推動。其任內對於大學課程設計方面，做了較大幅度的改革。且懷於臺灣少子化的趨勢，預判未來地面部隊的人力需求，開始招收女學生。第一期女生十五員於民國八十三年（1994）夏天入伍，素質整齊，絕大多數皆係國立或省立高中畢業的高材生，各方面的表現，都不比男生遜色，甚有過之。馬先生暨師母對她們呵護備至，師母到南部來，一定會到仁傑樓探望她們，贈送小禮物，親切閒話家常，瞭解她們的問題，就像慈母一般溫暖。這一期（六十七期）的女生特別貼心，畢業二十幾年，迄今仍時常前往關渡探望馬先生暨師母，展現黃埔子弟的有情有義。

◎陸軍官校來臺後所招收的第一期女生（正 67 期）。

◎校長馬中將暨師母與往昔舊屬學指部指揮官黃奕炳、專指部指揮官洪廷舉,以及六十七期女生馮家玲、江麗君、方妙茹歡聚合影。

　　民國八十四年(1995)六月,我戰爭學院畢業,從海巡司令部被徵調返回陸軍,原預劃派任總部作戰署作五組副組長,主管訓練場地的管理與督導。不料事為馬先生知悉,親往作戰署協調,愷切說明學生部隊指揮官之重要性,懇請署長張鑄勳將軍割愛。獲張將軍慨然同意,我才能有機會重返母校,再度接受黃埔的精神洗禮,並帶領正期學生第六十四至六十九期,專科十六期甲、乙班迄十九期,二技第一、二期,以及士官二專班等未來陸軍的後起新秀,內心充滿喜悅和成就感。

◎作者出任陸官學指部指揮官宣誓就職,由馬校長監誓。

◎作者任陸官學指部指揮官宣誓後,呈交誓詞予校長。

◎學生部隊歡送校長馬登鶴中將高升聯勤副總司令，其後側為時任學指部指揮官的作者。

重回馬先生麾下服務，是非常愉快的經驗。他對我很信任，學生部隊的管理，也充分授權。他特別重視學生的自律，他希望我們跟美國的軍校一樣，能培養學生自動自發的精神。因此，除了團集合以外，高年級的學生，可以自行上下餐廳，自由進教室、圖書館或實驗室，乃至第八節課五千公尺的跑步，都不要求帶隊。體能訓練除正課外，餘均由學生自訂目標、自行練習。可惜橘逾淮而為枳，很多校部長官和高年級學生都誤解校長的美意，加以學指部也沒有策訂較嚴密的督導與考核辦法，以致第二年的校慶閱兵分列及典禮，學生因體能不好表現很差，個人深感挫折。但校長並沒有因此而生氣或加以責備，這讓我內心更加羞愧與自責，覺得有負校長對我的信任與託付。這件挫敗的原因，直到我赴美參訪四大軍校，才確切印證其關鍵因素：我們給予學生自律的機會，卻忽略了嚴格執行榮譽制度的制約，孰不知二者如鳥之兩翼，缺一不可，否則就會造成能放不能收的悲劇。而榮譽制度落實到生活與訓練層面，需要時間的養成與淬鍊，不斷加強要求，絕非一蹴可幾。

◎作者夫婦偕陸官正六十四期實習旅長徐德霖一家前往探望馬校長暨師母。

　　馬先生是一位寬厚的長者，對學生的愛護無微不至。他深知本校學生很大比率來自於弱勢家庭，如遭開除或退學，都將造成學生與家長無可彌補的遺憾，甚至帶來家中生計的困境。因此，每當我去面報學生違反重大校規，必須開除或退學時，他從無例外，會問道：「還能不能原諒？有沒有改過自新的機會？」我坦誠向他報告：「該生違反榮譽制度，已經沒有轉圜的空間。」他略感遺憾和不捨後，總不忘叮囑我：「按校規處理吧，但要做好輔導的工作，多與家長溝通，不要讓這個孩子因為犯一次錯，從此走入歧途。」校規的尊嚴必須維護，但馬校長對學生的愛護，實打實發自內心深處。

◎昔日舊屬暨學生探望馬校長暨師母，歡聚一堂。

民國八十五年（1996）六月底，馬先生榮升聯勤總部副總司令。離校前，他交代我在北營區校園與司令臺切齊的線上，種上二十九棵南洋杉。馬校長是官校二十九期畢業，植樹意涵二十九期學長與母校同在，更有著無限的眷戀，以及感恩、感激之情。畢竟軍旅生涯能有三次機會返回母校服務，類似的機遇，為數應該很少很少，這是一份難得的榮譽。樹木有情，官校的二十九棵南洋杉，為馬校長與所有官校學生留下了永恆的黃埔印記，樹在情也在。

馬先生退伍後（1999），二十多年來，我和同為四十五期的洪廷舉、四十六期的王興尉、五十四期的黃也萍，以及五十一期的周皓瑜、六十三期的胡文忠、陳熙全、六十四期的徐德霖、六十七期的盧士承（金杉）、方妙茹、雷詠淇、江麗君、馮家玲、周英傑、徐全良、李雅婷……等各期的學生，都會找時間拜訪馬校長暨師母，在北投，或是北藝大等鄰近校長寓所的地方小聚。馬先生的話題永遠離不開官校，離不開他所曾帶過的各期學生或舊屬：邱國正、鄭德美、徐衍璞、朱玉書、李豐池、洪廷舉……言談之間，他掩不住的自豪感油然而生。十年樹木，百年樹人，歲月會流逝，年華會老去，後浪推前浪，眼見自己曾親身栽培過的後進，一輩輩成長茁壯，正在為國家擔負更大的責任，馬先生的喜悅和安慰，我有著深刻的理解！

七、俠義直率真性情：劉寧善將軍

◎劉寧善指揮官玉照（資料來源：黃埔校史館）。

劉寧善將軍是我的老長官，在國軍是一位非常傳奇、評價兩極的將領。外界對劉將軍的評論甚多，因為觀察的角度不同，看法有相當大的差異，可能各有所本，也可能只是道聽途說、人云亦云。我無意應和或反駁上述南轅北轍的看法，只願就個人兩度在劉將軍麾下服務時，親眼所見，親耳所聞，緬懷一下我所認識的劉將軍。

● 緣起官校任職時

我初識劉將軍，是在母校陸軍官校服務時，他當時是專科學生指揮部的指揮官，而我則是在馬登鶴將軍麾下的學生部隊擔任學七連連長，彼此的階層相去甚遠，接觸也不多。但因為個人隸屬的學二營各種績效非常好，在莒光週、軍紀教育月、保防教育月、軍人十二要項等專案活動上，與劉將軍所屬的專二營競爭激烈，成績互有高下。因此，劉先生對本營幾位連長（學六連王興尉、學八連洪廷舉、學九連萬俊傑、學十連褚先平），都略有所知。尤其是我在保防教育月軍官辯論比賽掄魁，並擔任莒光週教育連級示範單位，給他留下較為深刻的印象。

民國七十年（1981）年底，個人卸下連長職務，調任總教官室戰術組教官。此前不久，劉先生也由專指部，調升總教官兼學生部隊指揮官，佔少將缺，正式成為我的直屬長官。劉先生到任後，對原屬學二營的幾位連長，不僅沒有「記仇」，反而都另眼相看，予以重

用。我和洪廷舉在戰術組，被指定擔任各期野營訓練的隨身紀錄和狀況管制官，並專責撰寫各個演訓的期末總檢討報告，曾被納編參加過五十二期合歡山的寒訓，以及五十三期的清水巖—旗美野營訓練，執行他所賦予的任務。王興尉則被調到學生部隊指揮部擔任訓練官，承辦學生部隊閱兵分列、四大競賽、戰鬥教練等各項軍訓業務。因此，此期間，個人得以近身親炙他的領導風格，以及做人處事的態度和方法，印象深刻。

◎時任專指部指揮官的劉寧善上校，正在對學生實施精神講話（資料來源：施世銘總教官）。

◎時任專指部指揮官的劉寧善上校，其右手邊為李正銘連長，左手邊為專二營營長施世銘中校（資料來源：施世銘總教官）。

● 不遷怒不說重話

劉先生非常隨和，一向不說重話，給人的第一印象就是笑咪咪的。跟你說話時，都會聚精會神凝視著你，用他厚實的雙手緊握你的手，誠懇的說：「弟弟！你聽指揮官說，……」，讓你感受到滿滿的真誠。他從不遷怒，因為下級部隊的缺失，受到上級單位的指責，也不會將怒氣轉嫁所屬。我記得，有某位新到任的長官，到校前可能聽了太多

負面的傳言，履新後，處處給劉先生排頭，甚至在視導基層或開會時，藉題發揮，公然加以斥責、嘲諷，但他都忍氣吞聲，未予當面頂撞或反駁。某次，該長官在公開場合，居然以粗鄙的言詞、沒有根據的傳聞，尖酸刻薄的羞辱他，我看到劉先生臉部扭曲、眼眶都紅了，忍耐已經到了極限，最後依然按捺下來，沒有爭辯。事後，他對於事情沒有做好的單位或個人，都能耐心指導，要求快速改進，那些對他個人羞辱性的言詞，則輕描淡寫一語帶過，認為當面爭辯無益，反而給部下做了錯誤示範。偶有所屬錯得很離譜的事，即使在盛怒之下，他也是對事不對人，重話輕說，不做人身攻擊，不願傷及當事人的顏面。

● 親切隨和好學長

此外，跟隨劉先生工作，是一件很愉快的事。他的閱歷豐富，聊起部隊的各種掌故、軼事，甚至鄉野傳奇，妙語如珠，如數家珍。劉先生在私下場合，不太拘泥部隊的繁文縟節，待人隨和親切，讓人如沐春風。他的招牌動作，如：用雙手緊握你的手跟你說話，握手時會輕拍你的手背；經典口語，如：「各位同學，張開你的雙手，讓指揮官擁抱你們！」、「弟弟，聽老哥哥說一句話！……」都會讓人備感溫馨，很快拉近彼此的距離。他可以在辦公室裡，穿著臺式木屐、草綠汗衫，跟你討論急需處理的公務；於野外，同教官、示範兵在一起，同樣席地而坐，吃著鐵盒制式便當，或塑膠袋裝的餐點。他給人的感覺，不是高高在上的長官，反而更像一位兄長，或可以發發牢騷、吐吐苦水的好朋友。

● 宅心仁厚講情理

　　劉先生處理事情，都會站在對方的立場去思考。他曾經在閒聊時，跟我講過一個故事：某日清晨起床前，他在校園慢跑，途經五百公尺障礙訓練場（官校郵局）前，遠遠可見一輛腳踏車由西側門風馳電掣而來（註：以前陸官學生人數眾多，教隊職官編制也大，為便於管制，規定軍士官由西側門進出），車上的騎士身著體育服，氣喘噓噓，猛踩踏板，顯然是急著在起床號響起前，趕回連隊參加早點名。劉先生見狀，不加思索，一個箭步，閃到椰子樹的背後，一直等到腳踏車繞過中正堂走遠了，才繼續未跑完的路程。他從騎士的身影，看出是某位新婚不久的學生連連長，妻子租屋住在黃埔新村。（註：當年官校的隊職官除了例假、每月慰勞假和國定假日可以離校。非值星人員，每週三晚餐後，有眷者可以外宿，但必須參加翌日早點名；無眷者可以外出散步，但在零時前即應返校，其他時間離校，均必須請假。）

　　我對他的處置深感不解，特別請教他：前一天並非外宿假，為什麼不直接將他攔下來，糾正其不假外出的錯誤？劉先生語重心長的回答：「弟弟！如果我當時直接將他攔下，正面頂牛，立即要面對的是如何懲處的問題，完全沒有迴旋的空間，更何況一對新婚小夫妻，難免有一些不足為外人道的私事啊！」後來，劉先生也利用某次幹部會議，語重心長指示：「隊職幹部有任何私事外出，應該按規定請假，給學生做良好模範，指揮官沒有不准假的道理。」我想那位連長應該會「瞎子吃湯圓，心裡有數」吧。此一處理方式，可能引發法、理、情孰重孰輕，見仁見智的不同看法，但劉先生宅心仁厚，以同理心換位思考，卻是不爭的事實。

鳳山黃埔舊事

◎劉寧善指揮官陪同朱致遠校長、黃幸強教育長暨體育組長等幹部與校運會游泳比賽冠軍單
位選手合影（資料來源：陸官校友總會秘書長羅睿達先生）。

● 關心基層接地氣

　　劉先生關心基層，在校外訓練、演習，每到大休息或宿營位置，他除了掌握學生是否安排妥善，也非常關心駕駛與勤務人員的用餐與住宿問題，在我記憶裡，他每次必問，沒有一次例外。這使我想起另外一個完全相反的例子：國防部為了禮遇、照顧高階退將，原控有部分車輛，支援他們公私事務出入之用。某次，一位退將運用支援車輛載全家到餐廳用餐，但未妥善安排駕駛的晚餐。駕駛飢腸轆轆，附近又找不到停車位，只好將軍車開到較遠的地方，方便解決吃飯的問題。嗣因距離稍遠，且與老長官彼此時間沒有協調配合好，用餐完畢、不耐久候的老將，當場給支援駕駛一頓臭罵。滿懷委屈的駕駛氣不過，一狀告上監察院，國防部因此遭受調查、糾正，原本的美意，也戛然而止。我想這位退將，假如也能像劉先生一樣有著「彼亦人子」的胸懷，時時心繫基層，愛護低階勤務人員，那種難堪的場面應該就不會發生了吧！

◎劉寧善指揮官深受學生暨所屬幹部敬愛。（資料來源：羅睿達秘書長）

　　劉先生帶部隊在外演訓，路經各地廟宇，不分大廟小廟、陽廟陰祠，逢廟必拜。他雙手合十，輕聲默禱，眼神充滿虔誠敬意。他解釋：「祭拜神明，是為官兵祈福，希望部隊演習平安順利，心誠則靈。尤其，官兵弟兄見我虔誠禮拜，也會有穩定軍心的作用。」我想一個隨時心存基層、在意官兵安危、健康的幹部，絕對是一位好長官。

　　劉先生成長於好山好水的花蓮，有一種很接地氣的草根氣質。除了上述逢廟必拜的習慣，他可以用流利的閩南語，跟廟祝聊神明的來歷、廟宇的建築，與鄉下老農，討論檳榔、芒果和鳳梨等各種農產品的品種和產季；劉先生也熟悉各地的特產，以及在地物美價廉的特色小吃，演訓路過相關的小食攤，他會以一種小小的得意，分享他品嚐過的美好滋味。記得他到合歡山勘察寒訓場地，我和洪廷舉跟車，路過南投雙冬，他突然指示駕駛路邊停車，下車買了一包檳榔，分給我們倆一人一粒，他說：「到雙冬不吃檳榔，代表沒有到過雙冬。」那粒檳榔是我平生吃過的第一粒檳榔，也是最後一粒，至於洪廷舉有沒有吃，江湖上傳說很多，就不得而知了。

◎劉寧善將軍指導、訓練的陸軍官校學生千人刺槍術展演（資料來源：陸官校友總會祕書長羅睿達先生）。

● 使命必達善應變

劉先生不僅是一位好長官，更是一位使命必達的好部下。他不僅具有超強的執行力，更有通權達變的應變能力，最重要的是，他知道如何善用所屬幹部的專長、快速集中所需資源，保證可以如期、如質圓滿達成任務。在其麾下，相關例證不勝枚舉，最有名且傳誦至今的，是他在專指部訓練的千人刺槍術表演，場面浩大、整齊劃一，彰顯官校軍事訓練的水準，在僑泰演習等大型活動中大放異彩，到如今，網路上還流傳著當年的紀錄影片。我覺得劉先生有點生不逢時，否則以其機智、靈活變通和異乎常人的執行能力，在戰場上，絕對是敵人不敢輕忽的戰將。

此外，有一次陸軍總部作戰署在週六上午臨時通知（當時尚未實施週休二日），要在下週一重要幹部會議時，辦理各級學校、新訓中心教學圖表展示，讓各軍事學校與部隊相互觀摩。該通報規定各校繳交一幅，在會前一小時送達中正堂川堂。官校各教官組挑來挑去，不是太破舊（官校當年的軍事訓練非常頻繁，所有野外課、兵器課都要用到布質的圖表，

◎盧光義校長查課，垂詢學生課業狀況，其左手邊著草綠服者為時任學生部隊指揮官的劉寧善將軍，著便服者為授課老師（資料來源：黃埔校史館）。

搬進搬出），就是字太醜（布質圖表都是用毛筆書寫），上不了檯面，最要命的是距離送件時間，大概只有一天一夜。劉先生略作思考，通知我和洪廷舉儘速向他報到，指示從各教官組的既有課程挑一個課目，重新複製一套圖表，水準要超標，且需準時送達總部。這是一個超級緊急的任務，次日星期天，很多教官都要休假回家了，因此受命後，我們快速挑選了軍訓部兵器組的「六六火箭彈」課程圖表，作為複製的標的。實際操刀的人員，經過精挑細選，決定課程文字部分，找全校公認的書法高手、五十期（七十年班）的劉必棟來寫；多幅彈體解剖圖、彈藥種類圖示等附圖，則找五十一期的金南平、王明華（註：兩位是筆者學七連的子弟兵，製作保防教育月壁報，獲得全校比賽冠軍，其噴畫插圖：「酒杯上的裸女」，栩栩如生，引起很大轟動）用噴畫的技法製作。經過連夜趕工，終於在星期一凌晨五點鐘以前完成，請指揮官先看過，持呈盧校長首肯，即指示我搭校長夫人盧師母的便車，到小港機場坐最早班的民航班機回臺北，然後由北辦的公務車直接送我去龍潭，按時繳卷參展。

製作該圖表時，因為字數太多，且不能稍有閃失，以免前功盡棄。

鳳山黃埔舊事

劉必棟全神貫注，先用鉛筆畫格子、寫上圖表內容，再三校對後，逐字用毛筆填上。整個書寫過程，除了用餐外，一天一夜都無法休息、睡覺，喝咖啡、濃茶、康貝特P提神，只差沒有用牙籤撐眼皮。我和洪廷舉全程在場緊盯著看，一邊幫他打氣，也作複查，最後總算圖文並茂，提早完成。那一次圖表觀摩陳展，陸官噴畫圖示，生動特殊，大出風頭，殊不知那是劉先生指導下「一夜精神」奮鬥的成果呢。

● 敬重學長護學弟

很多人批評劉先生善於拍長官的馬屁。但根據我的觀察，他對長官和學長的敬重，都是發自內心的。他不僅尊敬黃幸強校長，也同樣尊敬許歷農校長、朱致遠校長、盧光義校長與毛夢漪副校長。他對年班比他早的學長，也是敬重有加。我奉命跟隨他參加五十二期的寒訓，親眼看見他在聖誕夜，裹著防寒大衣，在合歡山寒訓中心打電話到金門，祝福遠戍外島的馬登鶴將軍平安快樂。我戰院畢業，被徵調返母校任職，報到時，也遇到他去探望被「冰凍」在官校的馬先生。馬先生因為父輩與國防部當權高層的恩怨嫌隙，仕途發展一直並不順利，甚至被排出主流之列，劉先生如係勢利現實之人，豈會如此敬重、親近馬先生？我認為他是誠心佩服馬校長正直坦蕩、豪邁仁厚的將校風範。

此外，二十八期韋正哲中將曾與劉先生在八軍團共事（同為該部副司令），在職時託付其後事之處理方式。韋先生逝世時，劉先生早已退伍，解甲歸田，但仍遵其遺囑，協助家屬，克服困難，親自雇用小船出海，將韋學長的骨灰撒入海中，實施海葬，完成韋學長悠遊大海、瀟灑自由的最後心願。劉先生一諾千金，信守託付，其對學長之重情重義可知矣！如此風格，與外界某些傳聞所言，相去何只千里？

民國七十年（1981）底，我與洪廷舉先後由連長調任戰術組教官，

105

◎劉寧善指揮官對學生做精神講話。（資料來源：羅睿達秘書長）

七十一年中打考績，我倆因新來乍到，沒有例外的都吃了「鴨子」（乙上），考績表呈送總教官決審，劉先生一看，立馬致電戰術組當時的組長王上校：「學指部推薦到戰術組的兩位教官，一位是年度國軍莒光連隊長，另一位是陸軍楷模，您打的考績會影響他們的發展，是否請再予斟酌，績等分配有困難，我會協助處理。」事後，年度考績核定，我與廷舉都提升為甲上，至於績等是如何擠出來的，就不得而知了。

　　此外，任職教官時，我和廷舉都住校（明德樓），乃相約報考政戰學校政治研究所，循序打報告到總教官室，沒有想到劉先生堅決不同意，他的認知：一個正統的官校生，就應該循著兵科正規班→陸院→戰院→兵研所的管道進修，學經歷配合，才不會「走偏」了。經過副總教官李承山老師再三建議，以及多位二十四、二十六期老教官們幫忙緩頰，他才勉強同意准許一人報考，至於何人報考，由兩人自行協調。我猜他可能研判二人感情甚篤，不好意思相爭，大概都不會去報考了。不意，我主動讓賢，廷舉當年順利考上政校政研所的大陸問題研究組，而我則到步校正規班受訓。翌年，劉先生信守承諾，准許

鳳山黃埔舊事

我報考，終於如願考上政研所三民主義研究組。我和廷舉研究所畢業後，仍然回歸官科軍官的經管軌道，一路的發展尚稱順利，劉先生對兩個老弟沒有「誤入歧途」，頗感欣慰。

● 劉將軍待我甚厚

民國七十一年（1982）年中，我到步兵學校正規班 269 期受訓，同期的還有趙克達、李豐池、吳昇平等高手。步校正規班的課業很重，基礎的計畫、命令、判斷等課程不算，營戰術連續想定就有八個（譬如：第七想定《營對抗兵棋推演》，主課李國章老師，時數四十八小時，不含夜教；第八想定是旗山、臺南地區《現地戰術》，時數將近一百個小時，主課陸小榮老師），步兵旅戰術連續想定則有兩個。正因課程繁重，作業甚多，每課必考，因此非特殊事故或生病，不得請假，若需請假，必須呈請校部參謀長批准，程序冗長而嚴苛。而且正規班成績的計算，學科佔 70%，操行成績佔 30%，請假必須扣操行成績的總分。重重嚇阻，一般學員非絕對必要是不會請假的。

然而，非常不湊巧，此期間內人懷胎十月，臨盆在即，某日接獲內人通知：她已住院待產，希望我請假陪產，迎接新生命的誕生。我利用下課時間趕辦請假手續，午餐後，副總隊長召見，劈頭就問：「你要請事假陪產？」我點點頭，他接著問：「生了沒？」我回答：「現在還沒有。」他又問：「還沒生，你回去幹什麼啊？」我頓時語塞，悻悻然告退，下午上課一直心緒不寧，悶悶不樂。傍晚時分，總隊長蘇緝熙上校（陸官三十二期，劉先生同期同學）突然召見我，告以劉先生親自打電話給他，說明我的狀況，請他就近協處。總隊長問明原委，即要我先行回家，假單會由總隊部協助循序處理。我事後得知是同組教官張崑益（與我同在學員三中隊受訓）將我請假碰壁的事，通

報戰術組，組裡長官向劉先生反映，問題得到解決。雖然我趕回臺北縣立三重醫院時，小女懿寧已經呱呱墜地，但劉先生的關照之情，常在我心。

考上研究所後，離開母校，我們就很少有碰面的機會，但我每年都會寄賀年卡到花蓮給他，他總是很熱情的親自回信，並在回函卡片裡用斗大、豪邁的字體，寫一些鼓勵、慰勉的話，諸如：「弟弟！您是俺的驕傲，繼續加油。」等等，滿滿的正能量，讓你無形中受到莫大的鼓舞，那種感覺跟接到一封燙金的、冷冰冰的回卡，是完全不一樣的。

● 推心置腹真性情

我再次見到劉先生，是民國八十四年（1995）的六月中旬。是月十七日，乃個人戰爭學院畢業之日，也是我護送父親返回金門故里終老之日。因調任陸軍官校學生部隊指揮官人令已經生效（雖然依規定尚有一週的畢業假可休），十九日我取得長輩諒解，暫時拜別父親靈柩，由兄長負責治喪事宜，搭機直飛高雄，於下午十四時許，前往官校春暉堂校長室，向馬校長報到。在校長室巧遇劉先生，他見我滿面于思、一臉憔悴，軍服胸口上佩著黑紗孝章，問明原因，即將我拉到一旁，一反以前笑咪咪的態度，一臉嚴肅、輕聲告訴我：「弟弟！百善孝為先，在心不在形。喪父之痛，的確是椎心之痛，你留鬚帶孝也是遵照古禮傳統。但是，我們是軍人，要移孝作忠，墨絰從公，按照軍人禮節來盡孝道。你甫膺重要新職，要帶領、教育陸軍的後起之秀，明日布達，必須以陽光、煥然一新的形象，面對所有後期的學弟（妹），開展新頁，這是老哥哥我誠心的建議。」於是，見過校長，回到雨農樓（學指部所在），我按照劉先生的指示，把孝章拆下摺好，輕輕放

進上衣的右邊口袋，也將兩天未剃的鬍鬚刮乾淨了，調整心情準備迎接未來的工作挑戰。我想：如果不是真心真意為你好，誰願意在你情緒如此低落時，做此世俗認為不近人情的建議？（經查《國軍軍人禮節》，的確有關於官兵遭遇至親往生，如何佩帶孝章的規定，劉先生的意見是正確的。）

民國102年（2013），我脫下軍裝，輔導就業到大南汽車公司任職，有幸前往拜會新店客運公司董事長張俊雄先生（花蓮縣籍，曾任臺灣省議員、國大代表），他是劉先生花蓮高中的同班同學。有關劉先生的話題，一下子就拉近了我與張董事長的距離。他告訴我：劉先生是一個有情有義的血性漢子，是花蓮之光。兩個人在高中時，曾因省籍和其他觀念問題，發生嚴重爭執，甚至肢體衝突。後來，經過長時間的溝通、相處，一位山東籍的外省青年和一位花蓮在地世家子弟，不打不相識，竟然成為相知相惜的莫逆之交。張董事長提起的陳年往事，印證了我多年來對劉先生的認識，讓我更尊敬他。

劉先生（1941-2013），已經仙逝多年，外界對他的事蹟，傳述甚多，評價不一。說實話，很多相關的傳言，我從未聽其本人或親近他的人說過，料是以訛傳訛居多。根據我多年在其麾下任職的體認：劉先生是一位有情有義，具有血性與溫度的黃埔子弟，一位真誠尊敬長官、關心部屬、學弟的軍人，更是值得敬重、懷念的老長官、大學長！他會永遠活在人們的心中！

八、沉默的黃埔園丁：田鑫老師

民國六十七年（1978），中央電影公司在陸軍官校拍攝一部軍教片《黃埔軍魂》（A Teacher of Great Soldiers），動員了官校許多官師生兵支援拍片，轟動一時，還獲得第十六屆金馬獎的最佳劇情片和最佳男主角獎。一般認為本片係仿拍自 1955 年由好萊塢著名導演約翰・福特執導，泰隆・鮑華主演的《西點軍魂》（The Long Gray Line）。其實，我們學校有著真實版的《黃埔軍魂》，主角一生顛沛流離，嘗盡時代的苦難與辛酸。官校畢業後，他不求聞達名利，將畢生最菁華的歲月，盡獻予母校，其故事翻騰在國共內戰的大歷史中，更加曲折感人，勝過《西點軍魂》。他，就是官校戰術組教官田鑫老師，但因田老師恬淡低調，默默盡瘁於斯，致其事蹟隱沒而不彰。

◎上尉時期的田鑫老師。

田鑫老師，山東省安邱市人，出生於民國二十一年八月一日（臺灣官方證件記載，1933 年出生）。青少年時期，他戮力向學，每天一個人徒步十餘公里到縣城讀書。國共內戰期間，上學途中，遭共軍抓補充軍，共軍為防止其逃逸，將他以大缸反扣方式囚禁於雪地裡，酷寒導致其腳指頭幾乎全數凍傷壞死。嗣後機警脫身，加入國軍，隨海軍陸戰隊轉進來臺。起初駐守舟山，舟山撤退後，先後被編入裝甲兵部隊、騎兵部隊和步兵部隊，跟隨部隊四處飄泊，階級也由士兵晉升到士官。後來感於知識的重要，遂投考陸軍官校第二十六期騎兵科，在校時成績優異，外語尤為擅長。在往後的歲月中，輒引外文傳記中的名將

或偉人事蹟或語錄，以勸勉、告誡兒孫暨官校生，迄今已九二高齡的田老師，仍可閱讀英文書報。

田老師官校畢業，因成績名列前茅，被薦選留校擔任少尉排長，因帶領學生在校園割草，被割草機噴發出來的小石子擊傷左眼，歷經八次開刀，仍然無法保住眼睛，他在痛徹心肺之餘，決定捐出眼角膜，幫助需要的人。此一重大意外事件，徹底翻轉田老師的人生，因為無法下部隊嶄露才華與壯志，於是被留在母校繼續服務。

◎低階軍官時期的田鑫老師。

他在官校近三十年的時間，曾擔任過學生連的連長，熱忱隨和，受到學生的敬愛。先後被選拔出任校長侍從官、校長室參謀官，因認真謙和，謹守分寸，備受長官器重。嗣因正直廉潔、認真負責，派任福利站主任，以當年官校官師生兵人數高達數千人，分遣北、南、東營區的福利社就多達數處，在一般人眼中，那可是一個肥缺。但田老師凡事公平公正公開，絕不循私，對員工非常照顧。廠商有送禮者，一律予以斥退勸誡，

◎擔任教官時的田鑫老師。

贏得渠等敬重。他公私分明，不拿辦公室的一紙一筆於私人用途，告誡家人沒有重大事故，不要打電話到辦公室，尤其是與公務有關者，更在嚴禁之列。

田師母陳迺云女士是美濃客家人，樸實賢慧，勤儉持家，在官校東門外開了一爿小小的理髮店，幫附近眷村的民眾或外出的官校師生理髮，貼補家用。但田老師不准師母到官校校區理髮，即使因連隊檢查頭髮，福利站理髮部人手嚴重不足，窮於應付，急請支援，也不允許，因為他堅持要避嫌，以免辱及清譽。此事看似不近人情，實則充分體現他嚴守分際、清廉自律的情操。

◎覺民樓，用以紀念黃花崗烈士林覺民，是黃埔學子平日休閒活動之處，亦屬福利站所管轄經營。

田老師的個性耿直，加以看淡名利，曾多次婉拒長官推薦前往三軍大學深造教育進修的機會，後來索性打報告轉任戰術組教官，初期教授戰爭史，嗣後則主課排連級的小部隊戰鬥課程，個人初識田鑫老師，即是在那個階段。

民國六十七年（1978），我們幾位四十五期留校的同學，破天荒被調到教官組時，田老師是戰術組排連小組的中校教官，而我則是同組單兵伍班小組的中尉小教官，全總教官室最資淺、最菜的成員。因我們是陸軍官校有史以來首批如此低階即調教官組的正期生軍官，很受矚目。田老師對我們這幾個小老弟非常友善，說話時，濃濃的鄉音裡，誠懇而溫暖。田老師主課「前哨連」、「排哨」（註：所謂「前哨連」、「排哨」，係部隊在作戰任務時，指派一個步兵連（排）擔任大部隊宿營，或防禦等靜止間的警戒，防範遭致敵軍襲擊），而我則主課「射擊與運動連繫」、「伍哨與巡查」和「班哨」等課目。由於課程性質相近，被納編為他的分組教官，接受他很多的指導。

　　田老師是一個嚴謹而認真的教官。他住在官校東門外的黃埔四村，離戰鬥教練場地：七一四高地、配水池和東、西教練路很近。上課當天，他一早就會騎著那輛老爺腳踏車上山，提前一個多小時抵達場地，等候示範部隊將器材車推上來，指導他們把場地布置完畢，好整以暇，等著操課部隊到來。因為長久以來建立的優良形象，我們上課時，從未有校部或總教官室的人前來督課。

◎陸軍官校學生戰鬥教練課程實施概況。

　　正期生五十一期，第一次的野營行軍訓練，因為伍班小組指導官人數不足，排連小組部分教官也要納編。田老師不像少部分資深的教官一樣，百般推託，反而慨然答應出任連指導官。以他當時的年齡和一眼失明，要跟著學生一樣，接連五天徒步行軍一百三十幾公里，夜以繼日連續操演，餐風露宿，是一個不小的挑戰。然而，他從官校出發點，經清水巖、大樹、旗山、月世界，回到學校，一路上熱心指導部隊，默默協助隊職官照料全連的學生，充分尊重連長的職權，沒有絲毫倚老賣老的姿態，更沒有越俎代庖，影響隊職官的管教，與少數指導官頤指氣使、趾高氣昂的作法，相去甚遠，充分顯現大學長的風範。

◎官校學生野營訓練，行軍途中受到歡迎。

民國六十八年（1979）夏天，我由教官組下放當學生連連長，駐地校舍綏春樓在中正路第一排，偶爾也會遇見田老師騎著腳踏車路過，他都會很親切的揮手打招呼。這段時間，我與田老師的接觸較少，倒是聽過一個跟他有關的故事。當年年底，官校來了一位新任的副校長：毛夢漪將軍。毛將軍是官校二十四期，與田老師私交甚篤。當時，恰巧排連小組主任教官退伍，毛副校長基於照顧老同事的美意，準備推薦田老師接替該一職務，階級雖未提升，但每個月可以多領千把塊主管加給，不無小補。田老師接獲此一訊息，火速前往晉見毛先生，期期以為不可，堅辭此一派令。他說自己沒有幾年就要退伍了，沒有發展潛力，不需要，也不應該去佔這個位置，理當將此一主管職留給

後期具有發展潛力的老弟，並且強力推薦組裡的教官童炎中校（陸官三十三期）出任。田老師這種仁者輕貨、淡泊名利和愛護後進的精神，絕非一般人做得到啊！

　　民國七十一年（1982），我當完連長，被調回戰術組，改派排連小組，與田老師同在一間辦公室，仍然擔任他的助課教官。但不久後，個人就奉命到步兵學校正規班（以前稱為高級班）受訓。因為步校正規班的課程非常繁重，除了兵器、一般課程和現地戰術，步兵營戰術想定，就多達八個；且考核嚴格，要求極高，每課必有宿題、即題等不同作業，課後小考、大考不斷，學員的課業壓力很重。個人基於官校榮譽與個人前途，戮力學習，為求完善，經常撰寫作業至深夜。事為田老師所知悉，特別委託與我同在一個中隊受訓的同事張崑益教官，帶來五百元慰問金（以當年的幣值，不是一筆小錢），叮囑要注意身體健康，勤加營養，不要為了成績把身體搞壞了，關懷之情溢於言表，足見田老師愛護後期學弟和晚輩，都是出於誠心實意。

　　民國七十二年（1983）年初，我步校正規班結訓後，歸建負責「步兵連、營白紙戰術」主課，授課的班隊是畢業班五十二期。此時，摯友洪廷舉已經早一年到政校政研所碩士班深造，個人也未忘情追求進修之路，於是重拾應考書籍，利用公餘時間苦讀，終於追隨廷舉腳步，考上政研所碩士班，此期間，田老師的鼓勵，也是我能夠堅持到底的動力之一。碩士班報到前一天，我到嶺口文化院，向正在率隊野營訓練的總教官劉寧善將軍報離，他對我未讀陸院而進研究所，將來可能走岔路，頗有微詞。李承山老師、田老師都連忙在旁緩頰，說我進修完一定會重返經管正軌，才化解了現場的尷尬。

◎戰術組歡送排連小組主任教官退伍，所有同仁合照，後方最右側即為田鑫老師，他永遠那麼低調。

　　田老師在民國七十三年（1984）年底退伍，也就是我離開母校的第二年。據留校的老同事告知：田老師在退伍日前，仍然按時到課，準時上下班，絲毫看不出退伍的跡象，大家都猜不準他究竟是那一天退伍，記憶裡也沒有歡送的活動。退伍當天，他早早就進了辦公室，將辦公桌清空。因為接手他主課課程的教官還未報到，田老師把準則、教案、參考書籍，交接清冊和經驗交接報告書，整整齊齊擺在桌上，並向大家道別，他說：「各位教官：我今天退伍正式生效，謝謝大家幫忙！舍下就在東門外，有空歡迎來小坐。大家今天都很忙，到時候我就不一一向大家告別了。」下午，他沒有在辦公室，大夥兒原以為田老師已經離開學校了，不意他是到校長室、副校室、教育長室……乃至各處室，逐一打招呼說再見。回到辦公室，靜靜翻閱、檢查交接

資料，直到下班鐘聲響起，才拿起他上課時慣用的黑色手提包，最後一個走出辦公室，幫忙鎖門，然後揮手離開。相較於組裡另一位資深教官，退伍前半個月即以謀職為名，請假在家不再現身，田老師堅守崗位、貫徹始終的敬業精神，真是令人欽佩！

　　林則徐有言：「官無崇卑，必盡其職」，朱熹云：「德行，得之於心而見於行事者也。」田老師是兩位先哲遺訓的真正實踐者，看似無赫赫之功，但安貧樂道，淡泊名利，清廉自律，不伐不求，謙虛低調，忠於自己的職守，貫徹始終，以迄退伍的最後一刻。他為母校的教育，默默耕耘近三十年，獻出人生最璀璨的歲月，是黃埔教育的無名英雄，我對他的崇敬，遠遠高於他的階級。「桃李不言，下自成蹊」不亦宜乎！

◎陸軍官校後山戰鬥教練場地，是田鑫老師為黃埔作育英才的場域。

九、一代儒將的治校理念：童兆陽校長

● 緣起：懷念一位我深深敬仰的官校校長

　　近日有昔日陸軍官校共事的老同事來訪，談起國軍的現況，頗覺憂心，對於如何解決當前的困境，倒是有著共識，那就是：必須由軍事教育改革著手，從根救起，捨此別無良方。談到軍事教育，個人從官校畢業留校，歷經排長、副連長、連長和戰術教官的磨練，嗣後擔任三軍大學計考科副科長、校長室參謀主任，陸軍官校學生部隊指揮官、士官學校校長、國防大學教育長、步校校長，調任國防部人事參謀次長，督導人培處（即以前的軍事教育處），可以說從基礎養成教育、進修教育、深造教育，到政策規劃與執行，每一個層次都歷練過，資歷相當完整。

第二十一任校長
民國八十五年七月一日至八十六
年六月三十日
本校三十四期畢業 浙江省蘭谿市

◎童兆陽校長玉照（資料來源：黃埔
校史館）。

　　從事教育，眼看著自己的學生逐漸在各個部隊、領域嶄露頭角，為國軍擔負重大責任，那種喜悅，讓往昔所有的辛苦，都化為甜美的回憶與無比的欣慰。每一個階段的教育工作，性質不同，感受也不同。在官校學指部任職期間的點點滴滴，是一段讓人懷念的黃金歲月！尤其回想起當年追隨童兆陽校長辦學的往事，更是既感傷又慶幸。感傷的是國失良將，像童校長這麼卓越、均衡，具有高遠理想和教育理念的優秀將領，卻天不假年，英年早逝。慶幸的是我有一年的時間，近身追隨，親炙他明

確而周延的指導，學習到很多迥異於以往的軍事教育理念，所受的啟迪，對於個人後來擔任士校校長、國防大學教育長，步兵學校校長，以及在人次室掌管軍事教育業務，影響甚鉅，獲益非淺。

童校長是一位卓越的軍事家、教育家，也是多所大學名校管理學的名師。他在軍事上、教育上的成就，至今仍受到傳誦，尤其是他曾擔任院、校長的國防管理學院和陸軍官校，仍受到他當年辦學的影響。個人身為童校長的舊屬，希望能把他以前在官校的一些想法和作為整理出來，雪泥鴻爪，留個紀錄，據以表達對童校長的懷念與敬意，也讓在軍事教育崗位上的有心人做個參考。

● 文武兼備的學霸將領

童兆陽校長（1942 年 2 月 25 日～ 2000 年 5 月 28 日，享年 58）浙江蘭谿人，抗戰時期出生於貴州貴陽。出身軍人世家，叔祖童元亮將軍為保定軍校六期，先後擔任淞滬警備司令部參謀長及通信兵學校教育長；母舅則是「八二三砲戰」陣亡的金防部副司令官趙家驤上將；其尊翁童崇基先生官至上校。童校長係長子，下有弟、妹各二，都有很高的學歷與事業成就，可謂一門俊彥，令人欽敬。

童校長是陸軍官校第二十一任校長，學經歷完整。在學歷方面：童年曾在江西上饒、上海等地短暫就學，民國三十八年（1949）隨家人來臺。先後畢業於師大附中五十年班、陸軍官校三十四期（五十四年班）、步兵學校初級、高級班，特戰學校突擊軍官班、三軍大學陸軍指揮參謀學院、戰術研究班，戰爭學院兵學研究所。童校長曾在台大數學研究所進修，嗣赴美深造，獲得密蘇里大學數學研究所，猶他州立大學統計暨電子計算機研究所雙重碩士學位。他思維綿密、勤勉好學，在各個教育階段，都名列前茅，民國五十四年（1965），官校

畢業時榮獲該期第一名，獲得先總統蔣公親自頒授績學獎章，是一位文武兼備的學霸。

民國六十年（1971），童校長赴美深造。留美期間，正值海外「保衛釣魚臺運動」進入高潮，他與胡志強、沈君山、張京育、邵玉銘、魏鏞、李本京、劉志同、陳長文等優秀留學生，共同領導成立「反共愛國聯盟」，並出任美加地區總聯絡人，與左派、毛派學生爭奪「保釣運動」主導權，且參與反對中共進入聯合國相關活動，在國家動盪危難之際，能以一介軍校畢業生，與當時最頂尖的留學生領袖，共同領導群倫，投入愛國運動，其膽識、魄力與智慧，不僅毫不遜色，甚有過之，實乃黃埔子弟的光榮與典範。

在軍職歷練方面：他從最基層的少尉排長幹起，歷練連營旅長，嗣後出任陸軍二二六師（關渡師）師長，衛戍臺北要域，表現優異，為蔣故總統經國先生所賞識，囑其在軍職發展，不可輕言退伍。師長任滿，陸續出任陸軍總司令部計畫署署長、后里軍（第 20 軍）軍長兼成訓中心指揮官、國防管理學院院長、國防部作戰參謀次長室次長、陸軍第六軍團兼第三作戰區司令、陸軍官校校長，最後因病調任陸軍副總司令。民國八十七年（1998）提前退伍。退伍後，轉任淡江大學戰略研究所講座教授、交通大學科技管理研究所兼任副教授等職。

童校長軍職歷練包含計畫編裝、作戰訓練、後勤管理，乃至軍事教育等範圍，涵蓋之完整，在軍界極為少見。其智謀過人，沉著冷靜，學養深厚，亦非常人所能及。廣為人知的例證，為其師長任內，率領所屬參加「長勝二號」步兵師實兵對抗演習，在嘉南平原，運用誘敵深入、後退包圍戰術，幾乎將對手全殲於曾文溪南岸，迫使對方的師長搭直升機脫困，避免被俘。該一事蹟轟動全軍，傳誦至今，因此認

識者私底下都稱之為「小神童」而不名。

● 親切隨和，提攜後進

　　童校長由第六軍團司令調任陸軍官校校長，史無前例（從言百謙、許歷農、朱致遠、黃幸強、盧光義……幾乎沒有例外，皆係校長任滿調軍團司令）。瞭解軍中人事經管規則的人都知道：他是受了很大的委屈，但他從來沒有在我們面前發過一丁點兒牢騷，尤其沒有批評過那位打壓他的長官。甚至在被逼退前的巡禮時，他帶著兩位公子到金門湖南高地和「東西一點紅」，看他擔任排長時住過的碉堡；到翠谷水上餐廳舊址憑弔，祭拜他的舅父趙家驤上將；中午由朱凱生司令官及一些舊屬在鑑潭山莊陪同用餐，我都全程追隨，也未聞他對於自己遭受不公平的待遇，有任何的惡言與不悅態度。當時陸軍的傳聞很多，我們在下級單位都為他的遭遇感到不平，但童校長以其一貫的從容優雅、雍容大度，坦然面對，謹守應有的分際，為我們作了最好的身教。但他的低調與緘默，益增大家的同情和不捨。時過二十餘年，我迄今仍無法理解當年「煮豆燃豆萁」的緣由，更難以接受國防部與陸軍高層那種不近人情的作法。

　　童校長親切隨和，沒有官架子，從來不說重話，更不會在公開場合給部屬難堪。他對我們所犯的錯誤或過失，最重的責備就是一句「好土！」官校追隨他的那一年裡，從沒有見到童校長疾言厲色發過脾氣。他博聞強記，學養俱佳，閱歷豐厚，又喜歡提攜和教導部屬，我們參加他主持的早餐會報，經常超過一個小時，除了例行的回報和指導，大部分的時間，都是校長在講一些管理、領導統御或軍事教育的案例。他辯才無礙，表達力極佳，指導內容理論與實務相互印證，從不流於老生常談，所以每次會報，我們都如沐春風、感覺很有收穫。

民國八十六年（1997），童校長原預計四月要帶學生赴美參訪。不意體檢時發現身體有恙，必須立即住院開刀，已不克成行。他特別指示副校長林將軍：改由我帶隊赴美執行任務。我到三軍總醫院汀州院區去探望他，並且慎重的向他報告：「校長住院，我身為學生部隊指揮官，實不適宜遠行。」然而校長仍堅持由我率隊出訪，他慎重地交代副校長：「讀萬卷書，不如行萬里路，一定要讓黃指揮官到國外，看一看先進國家是如何辦軍事教育的。但是出發前務必做好萬全準備，帶著問題去找答案，如果隨便轉一圈就回來，那就可惜了。」

　　那是我第一次出國，由留美柏克萊大學電機博士邵新中教授陪同，率領六十六期呂文元、陳智豪，六十七期女生方妙茹、謝怡仿等四位學生，訪問美國西點、維吉尼亞、色岱爾（堡壘）及威爾猛等四大軍校。在二十幾天的行程裡，我們遵照童校長的指示，針對希望獲得的經驗教訓，從教育目標訂定、課程設計、學生管理、實習幹部制度，到伙食辦理、社區互動……，都明確賦予各成員專責分工，要求廣蒐資訊，俾利參考。在所有出訪成員的共同努力下，我們帶回滿滿兩大皮箱的書籍、手冊和制度規章等書面資料，以及數量龐大的語音、照片和訪問紀錄等檔案。個人此行更是收穫滿滿，視野為之大開，也瞭解到美國之所以強大，不僅依靠船堅砲利，更深沉的潛在優勢與無限的爆發力，是在優秀的幹部培育制度與紮實的軍事教育。讀萬卷書不如行萬里路，他山之石，可以攻錯，我衷心感謝童校長對我的愛護與栽培。

◎作者奉童校長指示赴美參訪，在維吉尼亞軍校與訪團成員合影。成員有電機系系主任邵新中博士、六十六期呂文元、陳智豪，六十七期方妙茹、謝怡仿。

● 博學勤奮，善於溝通

　　童校長喜歡溝通，也善於溝通。他最常說：「凡事多商量，把話說清楚、講明白」，「殺雞要用牛刀，快速解決問題」，「面對問題，解決問題，而不製造問題。」他在學校的任期不長，但對學生的狀況非常瞭解，學生建議的事項，合理合法的，他會要求業管單位確實管制、儘速辦理；不合理或與教育目標相左的事情，他也有自己的堅持，不會照單全收。譬如：學生長久以來一直建議：「學生部隊不要打掃和割草，以免影響自習的時間，以及大學課程的學習。」但校長最終還是尊重學指部的意見：「灑掃應對及勤務分配，是基層部隊管理的要項，也是軍官養成教育的一環，有其必要。假如一個基層幹部，自己不會割草、不會刷廁所，不懂得掃地，如何去指導並要求所屬做好這些工作？」繼續維持原本的作法。事實上，個人參訪西點軍校，他們仍然維持學生打掃等勤務，甚至將犯錯學生假日「打鳥」（武裝行進）的處分，也改成罰勤，藉以教育學生，並增進校園的整潔。

◎童兆陽校長高昇陸軍副總司令，與三位指揮官合影，左起專指部指揮官鄭德美、童校長、學生部隊指揮官（作者）、勤指部指揮官倪振金。

　　童校長喜愛閱讀，也鼓勵幹部多讀書。他每天公餘都花大量時間閱讀自己喜歡的書籍，熬夜讀書更是習以為常，我深夜巡視部隊或凌晨查哨，經常看到校長室閱讀燈是亮著的。據說他每個月都託人由國外採購很多最新出版的外文書，書目範圍涵蓋極廣，並不侷限於軍事或管理的領域。他好學不倦，希望能掌握最新資訊，引進世界最新的觀念，大家稱他為現代儒將，絕非過譽。專欄作家林博文先生曾在報端批評：「軍人不讀書」，我認為這是以偏概全、貶抑軍人的偏見，童校長不正是「軍人愛讀書、會讀書」的最佳例證嗎？

● 兼顧傳統與創新的教育理念

　　國軍懂軍事教育的高級長官不多，真正有學理基礎又具備教育實務者更少。最糟糕的是，許多主官將教育職當做人事調節的位置，錯誤的認為讀過軍校誰不懂軍事教育？於是新任主官上台，新官上任三把火、官大學問大，每每對軍校原有教育指三道四，各期學生的教育計畫，隨主官更迭而修訂，甚至全盤推翻，不知凡幾，而其所持理由不外「恢復傳統」或「尋求創新」。官校的教育，長期在傳統與創新之間擺盪，浪費諸多寶貴的時間和資源。

　　童校長是極少數真正懂軍事教育，且兼具理論和實務的國軍將領。他的許多教育理念與作為，給我很多啟發，影響甚深。童校長認為：陸軍官校的教育，必須在發展上維持穩定。好的傳統，是我們賴以傳承的根本，當然應該保留；但科技研發一日千里、世界快速變遷，創新是永續發展、培植競爭力的硬道理。因此，我們應該找到保存優良傳統與尋求創新的均衡點，據以設計一套兼顧傳統與創新的教育計畫。而這套教育計畫，需要建立一個穩定而有效力的制度來確保它，摒除以往「人存政舉，人亡政息」的積弊。於是，他交代我赴美參訪的第一個重要課題便是：查訪美國各軍校在課程設計上，如何兼顧傳統與創新，並確保其穩定性。

　　我與邵新中教授幸不辱使命，也將訪查結果寫在訪美歸國報告裡，呈報新任校長丁渝洲中將，以及陸總部和國防部。據我瞭解：丁校長很認真看過那篇報告，只可惜他任期太短，不及實現；至於上級單位是誰審閱，那我就不得而知了。但各軍校迄今仍無超越國防部層級的課程審查委員會，各校的教育計畫，似乎也還在傳統與創新之間擺盪拉鋸，甚至一些大外行的文官，基於意識形態，粗暴介入軍事教育的事務，「官大學問大」的幽靈似乎並未遠去！

◎作者參訪維吉尼亞軍校，與維校校長暨中正理工學院訪問團在校園大操場合影，左起中正理工學院政戰主任、院長楊明放將軍、維校校長、中正理工學院國科所所長陸續上校、作者與中正理工學院學生部隊指揮官竇維君上校（陸官四十九期）。

● 開放思維，提升自信

陸軍官校在歷任校長任內，都成立「校務發展指導委員會」，延聘各個領域的傑出人士或對軍教有深入研究者擔任委員，定期開會，就學校發展的方向、目標與重大決策，提供意見，其成效依校長個人的素養與雅量，有所差異。

童校長本身具備軍事教育辦學的經驗，相關的理念清晰而先進。但他認為旁觀者清，從客觀的角度來評鑑校務，才能發現問題與缺失所在，思謀解決之道。軍事教育是國家整體教育的一環，雖有其獨特的教育任務、目標與性質，但在基本的教育理念與辦學要領，仍有共通之處。因此，必須廣泛聽取外界的意見，尤其是借鏡一般大學的辦學經驗，不能將自己封閉在軍事的象牙塔中。是以，他延聘了相當多的大學校長或高層主管擔任校務指導委員，記憶裡包括中原大學校長

張光正教授、高雄市副市長黃俊英博士，以及中山大學、成功大學等國立或私立大學的教授。這些在學界素有名望的碩儒名師，給學校很多具有建設性的建議，對官校後續的發展，產生非常大的影響。

　　童校長也指出：官校不能坐守孤城，必須勇敢走出去，讓別人看見我們，也讓我們瞭解外面世界的變化與優點。因此，他鼓勵官師生參加外面的學術或社團活動，歡迎一般大學的師生來學校參訪、交流。他支持各系辦理校際，乃至國際的學術研討會，邀請包括李遠哲在內的重量級學者專家，蒞校專題講演，開拓官師生的視野，也提升官校的知名度與聲譽。童校長主持校務那段時間，學校的學術活動非常活躍，校園充滿活力，讓我們感受到自己的學校，不僅僅是一所軍校，也是一所文武兼備的大學學府，那份自信與榮譽感是以前從未有過的。

◎童兆陽校長高昇陸軍副總司令，離職前偕師母與軍官連全體同仁合照。

● 容忍學生犯錯

軍校學生在校學習各種基本知識，以及帶兵、練兵、用兵的方法，犯錯在所難免。我們經常在部隊看到少數官校畢業的軍官，不學無術，帶兵胡作非為，領導統御一塌糊塗，演訓荒腔走板，本職學能鴉鴉烏，卻自以為是，缺乏反省和學習能力。回頭檢視其官校的考核，評語大多為「思想忠貞，品德良好……」看來尚稱循規蹈矩，並無大的過失，那問題到底出在那裡？

童校長早就看到這個嚴重的問題，他常說：「假如官校教育不能給學生犯錯的空間、容忍學生犯錯，那麼他們在校就會養成謹小慎微的習慣，趨吉避凶，竭力避免犯錯。但畢業後下部隊，學校原本的壓力鬆脫，他們就會無所適從，犯下不該犯的錯，付出慘痛的代價，悔之不及。」童校長並且指出：「學生從懵懂無知到習得一招半式，犯錯不可避免，也是天經地義的事；在學校犯了錯，隊職官可以立即糾正，老師、教官儘速給予輔導，錯中學，錯中改。一個永不犯錯的學生，是非常不正常的，他不是聖賢，就是過分壓抑，刻意隱藏、包裝自己，讓你找不到任何缺失，等下了部隊，壓力消失了，也沒有人可以教導他，災難就來了！」因此，童校長要求各級隊職幹部對學生非品德方面的過失，或無心之過，採取較寬容的態度，尤其是領導統御和內部管理，更再三叮囑務必給予犯錯的空間，耐心輔導，絕對不可以因求好心切，而採取嚴厲的高壓手段懲罰犯有過失的學生。

民國八十五年（1996）三軍七校入伍教育，有兩位正期六十五期（八十五年班，當時為四年級學生）的教育班長，被指控對一位原有間椎盤突出、意志不堅的入伍生實施體罰。家長四處陳情告狀，要求將渠等移送法辦，陸軍總部高層也傾向支持家長的訴求。童校長堅決

鳳山黃埔舊事

抗拒陸軍總部與家長的強大壓力，堅持依照校規處理，他向總部據理力爭，並告訴我們：「學生犯錯，當然需要處罰！但是學生就是學生，必須按校頒《學生手冊》與上級的《學員生管理規則》等校規來處理，假如學生在實習中犯錯，動不動就移送法辦，動輒得咎，將造成「寒蟬效應」，今後誰還敢去管入伍生？下了部隊，畏首畏尾毫無擔當，將嚴重影響軍隊管教與任務達成，後遺症無窮，我們就會成為陸軍的罪人。」誠哉斯言！對照近年來部隊動不動就將幹部移送法辦，或將長期培養的優秀幹部撤職、斥退，以求切割自保的作法，令人更加懷念童校長不計個人毀譽、前途，堅持原則的道德勇氣與擔當。

◎童兆陽校長重視學生體能運動和榮譽心的培養，與黃埔精神最具代表性的橄欖球隊合照。

● 精神教育必須透過儀式來彰顯

　　軍官學校的精神教育非常重要，包括忠貞志節、清廉操守和軍人武德等中心思想的範圍，是軍校的教育重心和特色所在。精神教育失敗，則其他教育之成效均屬枉然。揆諸以往精神教育的實施方式，大多是專題演講、座談及發發文宣資料、書刊，較靈活者以單元劇、影片等形式呈現，是一種單向灌輸的顯性政治社會化過程，受教者只能被動接受，究竟有多少效果，讓人存疑。

◎志清樓前的先總統蔣公策馬銅像。

　　童校長認為：精神教育必須透過各種精心設計與規劃的儀式來表現，才能為學生所接受，且易於驗證效果，假如只是長篇大論的精神講話或等因奉此的文宣，恐怕很難達成教育的目標。是以，他在很多具有精神教育意涵的活動，都指導要加強儀式的包裝，讓受教者感動。譬如：在畢業生的離校教育裡，除了原有的校園巡禮、在校生持火把歡送……等活動外，他在學位授予撥穗典禮，改變以前畢業生先就位的作法，而要求來賓、老師及家長先就座，在當天的主角：畢業生最後進場時，師長、家長、來賓與在校生一起起立鼓掌歡迎，甚至熱烈

歡呼，以凸顯畢業生的尊榮與責任。還又增加畢業生到先烈塔祭奠、告別先烈，到中正堂向本校創辦人國父孫中山先生、首任校長先總統蔣公致敬，宣誓師訓弗諼、忠貞報國。且在黃埔湖畔舉辦晨光細語叮嚀，由師長給予最後的囑咐。此等儀式，沒有說教，也不是長官訓示，臨別贈言靜默無語，在無形中悄悄深入人心：期望畢業同學勿忘先烈創業艱辛，牢記母校殷勤期許。

　　畢業活動最大的變革，則是恢復停辦了二十幾年的畢業舞會。畢業舞會不是跳舞狂歡慶祝，而是在儀式上作細膩規劃，投注相關教育的意涵。那場畢業舞會是陸官久停復辦，極為轟動，甚至有北部大專院校的學生，專程遠道前來共襄盛舉。舞會開始前，校長伉儷率同我們夫婦站在門口迎接盛裝而來的畢業生暨舞伴，待所有人都就定位，接著有恭迎校旗入場、唱校歌，恭請校長致詞，畢業生致謝詞及切畢業蛋糕等儀式，莊嚴肅穆。嗣後，舞會則在校長暨夫人開舞揭開序幕。說來慚愧，我是頭一次參加舞會，心中的忐忑不安絕對不下於學生。但我充分瞭解：校長指示舉辦這場舞會，完全不同於一般的舞會，它不僅僅是一種禮儀教育，更是學生畢業前的精神洗禮，將母校的訓誨與意象，以一種軟性的包裝，再次銘刻在學生心中：「今日你以母校為榮，它日母校將以你為榮！」我相信這場畢業舞會，絕對會給所有畢業同學留下深刻的印象，終生難忘。

● **貫徹學生榮譽制度**

　　官校品德教育，以軍人武德、黃埔精神為核心，學生榮譽制度為基礎，講求「不說謊，不欺騙，不縱容違反榮譽制度的人」。童校長指示要給學生犯錯的空間，但不代表所有的錯誤皆可原諒，反而對於偷竊、說謊、欺騙、考試作弊及品德上的重大過失，都要我們依照校

規儘速處理，絕不寬貸。他嚴格律定：「凡是違反榮譽制度者，要速審速決，儘早開除離校，處理作業儘量不要拖到第二天。」其用意在於宣示決心、防止關說，並產生警惕效果，對於偷竊者，更著意在防範自我傷害及被同學圍毆。（官校生最痛恨小偷，幹「老越」（偷竊）的人，在開除離校前被「痛扁」時有所聞）

童校長認為「人」是教育的中心，官校的教育是「全人教育」，學生品行的好壞最重要，須要嚴格考核，俾利留優汰劣。他指出：酒、色、財、氣、賭、毒、殘、幫、孤、弱等十類的問題人物，最容易產生「高自裁傾向」與「高逃亡傾向」兩個結果，此等人難以適應基層部隊的高強度壓力，下了部隊絕對是單位的頭痛人物。因此，必須確實篩檢、用心輔導，如仍無法導正，就應該忍痛斷然淘汰。絕不可一念之慈讓渠等勉強畢業，肇致危害基層、拖累部隊。當時留校的隊職官（包含我本人在內）人人都有一本人資小冊子，詳細記載各類型學生的態樣及輔導狀況。的確，瞭解靜態、掌握動態，才能防止不預期的變態。揆諸邇來部隊極少數幹部因好酒貪杯、好色性騷擾、貪汙舞弊……等原因，被媒體揭露，影響軍人形象與軍譽，回顧童校長昔日的指導，備極感慨！

● 領導者應先學會被領導

陸軍官校的編連方式與實習幹部制度，常因校長更迭，想法與觀念不同，反反覆覆改來改去，莫衷一是。我當學生時，是分期編連，實習幹部由在校最高年級擔任，但只在基本教練或閱兵分列時才到連上，是一種儀式性的存在，平常連上另有一套自己同學編成的自治幹部，負責襄助隊職官執行行政事宜和內部管理。畢業後留校擔任排長、副連長、連長，仍然是分期編連，但最高年級擔任實習幹部則進駐各學弟連。等到我奉調返校擔任學生部隊指揮官時，已經採取混合編連，

鳳山黃埔舊事

由三、四年級擔任實習幹部，但對於各年級在實習幹部制度裡應該學習的事項，以及相關權責，尚無明確的律定與指導。

童校長認為：要領導別人，必須先學會接受別人的領導，而實習幹部制度正是訓練此一基本素養最重要的機制。因此他要求落實各期混合編連，且須貫徹到各班也要混合住在同一間寢室，即使可能產生學長不當管教的風險，亦在所不惜。他特別指出：官校的實習幹部制度，是一個具有教育目標、完整計畫和深遠意義的幹部養成制度，與一級管理一級的所謂「學長制」，在精神和內涵上，相去甚遠，不宜相提並論。他以為：官校一年級學生等同士兵，應該學習接受領導，身歷其境實際體會被領導者的處境與心態，以後帶兵才能以同理心去聆聽基層的心聲。二年級等同中、下士，歷練伍長、副班長等最基層的領導職務，這是由士兵轉為幹部的重要階段，很多觀念都在此一時段養成，許多基層的內部管理規定與要領，也在這個時間奠基造型。三年級等同上士，歷練班長或副排長等幹部職務，體會連隊士官骨幹的職責與單位後勤、訓練及內部管理、值星勤務等要領，瞭解如何扮演好軍士官的溝通橋樑角色。四年級等同准尉、少尉，實習排長至連長，以及旅營級幕僚職務，練習如何做一個嫻熟法令規章、精練帶兵練兵的現代化軍官，尤其著重於自律自重精神的養成，當一個沉著穩重、足堪大任的基層指揮官。在實習幹部制度中，四個年級都有其必須達成的教育目標，環環相扣，循序漸進，才能培養出既能領導他人，也樂於被領導的幹部。

個人在烈嶼守備區及第十軍團擔任指揮官時，嚴格禁止基層部隊存在「學長制」，若有違反規定，必予嚴懲。此期間，在與基層官兵座談時，輒有義務役資深士官兵提出質疑：「為何軍校可以建立學長

制，卻嚴禁部隊官兵間存有該項制度？這是不是另外一種形式的『只准州官放火、不許百姓點燈』？」經我將「學長制」與「實習幹部制度」的意義和差異加以闡述，官兵大多表示理解。惜乎現今諸多幹部不瞭解其差異，難以為基層解惑，以至部分軍兵種仍存在根深柢固的「學長制」，真是令人遺憾。

● 官校學生體能標準要高於部隊

陸軍官校傳統的體能戰技訓練，是以五項戰技（5000公尺跑步、500公尺障礙超越、手榴彈投擲、刺槍術、步槍實距離射擊等）為重點，再加上1600公尺武裝賽跑、游泳，以及莒拳道（跆拳道）、拳擊、摔角（柔道）、擊劍、搏擊等課目。基礎體能訓練則有仰臥起坐、伏地挺身、交互蹲跳、單雙槓、跳箱，以及各種球類運動。

童校長到任後，嚴格要求無論正期或專科班學生畢業前，都要通過徒手游泳100公尺的測驗，正期學生跑步，必須要能跑完一萬公尺。他指出：臺灣是海島，四面環海，身為職業軍官必須要會游泳，才能於平時自救救人，戰時於特殊地形作戰（如渡河、登陸作戰、山地橫越溪澗……），率領所屬達成任務。至於正期生要跑萬米，除了體能訓練，更是一種意志力與耐力的錘鍊，使渠等在艱困的作戰環境中，能發揮超越常人的韌性，堅此百忍，沉著指揮，超敵勝敵。更何況，能跑完萬米，五千公尺就輕鬆多了，破解歷年來官校生對五千公尺跑步訓練的排斥與恐懼。但他對萬米跑步的訓練並不躁進，而是指導循序漸進，逐年提升，一年級不求速度，只要求跑完全程；二年級以上才逐漸提升其合格標準，四年級時，必須達到規定的時限，才准予畢業離校。

◎童校長指示陸軍官校學生的體能戰技要求，必須高於部隊官士兵，才能發揮以身作則的領導
作風。

　　童校長的要求立意甚佳，也非常符合教育目標與理念，我想假如每一個官校畢業的軍官，體能都能達到童校長所要求的水準，對他們下部隊帶兵練兵的自信心與領導威信的建立，必然極有助益，畢竟「請跟我來」、「跟著我做」的以身作則，要比「空手道（說）」、「只會要求部屬，自己卻做不到」更有要求底氣和說服力，可以讓部屬口服心也服。

　　可惜童校長的決策，並沒有獲得陸軍總司令部及國防部的支持，那時上級單位正在煩惱役男體能每下愈況，體能戰技訓練與戰鬥教練中暑人數日愈攀升，而研究將五千公尺跑步縮減成三千公尺，童校長在官校的作法，反其道而行，直覺被認為是標新立異、故意唱反調。童校長後來一再受到打壓，這件事恐怕也是導因之一。「由儉入奢易，由奢入儉難」，回顧國軍近二十幾年來一再降低體能訓練要求標準，尤其跑步將五千改為三千公尺（美軍迄今還是跑三哩而不是跑三公里啊！），指示部隊室外課，在氣溫、濕度超過多少度，應該停止操課，並沒有解決中暑等問題，反而弱化了戰力，造就了所謂草莓族士兵。「以極可能之害，欲換得未必獲得之利」，為了解決一個問題，卻創造出更多的問題。童先生九泉之下有知，應該會感慨萬千吧！

● 學生社團設立的目的

陸軍官校學生社團活動傳統的作法，是由政戰部延聘一至兩位指導老師，負責各種活動的專業指導，再由學生部隊指揮部指派一位隊職官擔任輔導員，負責點名及相關行政事項的輔導。社團的種類有限，選擇性其實不多。規模最大的社團通常屬運動類，其他較具傳統的社團概有黃埔合唱團、輕音樂社、正言社、集郵社……等。

◎陸軍官校最具代表性的社團：黃埔合唱團，歷史悠久，聲名遠播，原為男聲四部，現為男女混聲合唱（資料來源：陸軍軍官學校臉書專頁）。

童校長到任後，視導社團活動，看到每一個社團教室後面都坐著一位軍職人員，他詢問：「學生社團為什麼要派輔導員？」，我據實回報：「輔導員的功能，主要是在紀律維持、人數掌握，以及一些行政事項的輔導。」他又問：「這些事情學生自己不能做嗎？在民間大學那有輔導員可派？」我回答：「長久以來都是這麼做的，應該是怕學生掌握不起來，社團會散掉。」他以嚴肅的口氣明確的告訴我：「社團是磨練學生領導能力的場域，一個稱職的社團負責人，必須要有活

◎陸軍官校學生社團：軍樂隊（資料來源：陸軍軍官學校臉書專頁）。　　　　◎早年的黃埔合唱團團旗。

動的計畫統籌能力，領導社員熱心參與活動。假如社團經營不善，社員大量流失，活動辦得荒腔走板，社不成社，那就讓它自然淘汰吧！但不是社團解散就算完事了，這個社團何以致此？所有幹部都要深入檢討考核，針對負責人等學生幹部的領導能力加以評核，確實輔導。試想，假如每一個社團都由輔導員在後面指指點點，優秀的社團負責人無法充分發揮，領導能力差的又隱而不顯，難以及時導正與輔導，設立社團的目標盡失，遭受損失的何只是那些學生？」

　　童校長的指導，讓我有如醍醐灌頂、茅塞頓開。我們遵照他的指導，撤除了所有社團的輔導軍官，召集社團負責人辦理研習，聘請專家授課，講授領導、推動社團活動的要領，並賦予社團幹部自由發揮的空間。且鼓勵學生成立各類型社團，當時許多新創令人印象深刻的社團，如雨後春筍。譬如：「原住民文化研究社」，該社與屏東三地門文化園區合作，旨在介紹原住民文化，每個禮拜都有很吸睛的活動，社員不斷增加。「小部隊戰鬥研究社」、「戰史研究社」，聘請李承山老師等專業耆宿指導，研習課程，與學生下部隊所需息息相關，加

上李老師閱歷豐富、妙語如珠，社團成效斐然。「愛心社」，與鳳山市相關公益團體合作，社員利用假日到六龜孤兒院、屏東育幼院，以及榮民之家等慈善機構慰問或打掃、刷漆，培養了學生的愛心，也提升學校的聲譽。

◎陸軍官校學生社團：原住民文化研究社
（資料來源：軍聞社）。

◎陸軍官校學生公益性社團，到民間慈善機構慰問孤苦無依老人（資料來源：陸軍軍官學校臉書專頁）。

　　在校部的鼓勵和支持下，各社團與校外大專院校，社群、藝文、公益團體交流頻繁，社團活動蓬勃發展，呈現從來未有之活絡景象。前期畢業的同學返校時，看到溜冰社的社員在校園練習，輕音樂社利用課餘自動自發前往社團集合，為下一週的校際交流做準備……等等，都可感受到母校的校園氛圍改變了，學弟妹們的生活，較諸往昔更活潑自在。我沒有深入研究當時社團活動的改變，對於同學們到底有多少幫助，但應該有很多人可以證明：他們參加社團活動時比以前快樂、有收穫！而且在民國八十六年（1997）校慶下午的社團成果展，也凸顯出此一變革所造成的影響。

◎陸軍軍官學校橄欖球代表隊，象徵勇猛
　驃悍的學生社團（資料來源：軍聞社）。

◎童校長要求學生培養冒險犯難、
　勇猛驃悍的精神（資料來源：軍
　聞社）。

● 培養冒險犯難精神

　　軍人的事業在戰場，軍事教育的目的，是培養軍校學生適應部隊
及未來戰場的生活。沒有嚴格而具挑戰性的訓練，畢業生將無法忍受
部隊枯燥、繁忙與艱苦的生活，一下部隊即可能萌生退意；更難熬過
戰場匱乏、勞苦、傷亡枕藉與狀況不明等種種挑戰，而付出慘痛的代
價。一個枉顧目標、完全以安全第一為考量因素的軍事教育，不是愛
護學生，而是戕害學生，更可能扭曲了軍事教育真正的目的。

　　陸軍官校正期班在四十四期（64 年班）之前，有駕訓、突擊訓、
傘訓、寒訓，以及部隊與兵科學校見習。到了本期（45 期）全部喊卡，
此後這些特戰訓練和部隊實務見習，隨著國防部、總部政策及官校主
官異動，「恢復」與「取消」不斷拔河，反反覆覆。譬如我任學指部
指揮官期間，六十四期曾受突擊訓，六十五、六十六期則被取消。政
策反覆、主官觀念遞嬗，讓各期學生軍事訓練課程設計一直處在不穩
定狀態，也使若干期的學生，喪失了培養冒險犯難精神與堅毅果敢韌
性的最佳機會，殊為可惜。

童校長曾擔任國防部作戰次長，當然非常瞭解停辦是類訓練的原因與背景。他到任後，非常明確的指導我們：「任何訓練都有安全上的風險，我們不可能要求一個十全十美、毫無瑕疵與危險的訓練，除非作假。而學生在校外紀律的要求，則是制度與執行者的問題，與訓練的標準和難度無關。因此，我們不能因為安全與紀律有顧慮即因噎廢食。」基於此一理念，他積極向總部和國防部爭取恢復上述的訓練，歷經艱辛，上級終於同意先恢復突擊訓的山訓課程，從正期六十七期（87年班）開始實施。

接奉命令，我帶著學指部的作戰官與訓練官從鳳山直奔谷關勘察地形，並協調食宿等行政事項。當時特訓中心指揮官王長錚將軍是四十二期學長，也是我在陸軍指參學院的老師，他聽說官校學生恢復突擊訓練，非常高興，認為這是培養未來軍官堅強意志和韌性的重要手段，對畢業生下部隊極有助益，特別交代所屬各單位：無論訓練課程或行政工作都要全力支援，務必圓滿達成訓練目標。我們並且到學生們預定的住宿地點「松鶴營區」查看房舍狀況，並預做相關進駐規劃。據了解這個營區在「九二一大地震」嚴重受損，所在的平台也在嗣後一次強烈颱風來襲時完全崩落，令人不勝唏噓！

「人在政舉，人亡政息」，這項得來不易的訓練課程，隨著童校長退伍、丁校長調職，校長更迭，只有六十七、六十八、六十九等三期實施，後續各期都取消了。六十九期是最後實施山訓的學生部隊，時在民國八十八年（1999）的中秋節，遭逢「九二一大地震」，原訂三天兩夜的期末測驗，延續到六天五夜，學生們歷經艱難險阻，最後上山的一百八十六位同學，平安搭空軍 S-70C 直升機下山，其餘未通過體能測驗的九位同學，則搭陸軍 UH-1H 逕返歸仁航特部。狀況發生

時，我正在烈嶼離島任職，接獲學生回報，非常擔心，所幸他們均能逢凶化吉。我想這些不平凡的遭遇，應該會是同學們軍旅生涯中最寶貴的經驗與回憶吧！

● 做好生活照顧

官校學生部隊的伙食一直辦不好，讓我非常頭疼。其原因非常多，主要是自願役資深士官離退，義務役士官兵的廚藝水準參差不齊，辦伙人員交接頻繁、專業不足，監廚由學生擔任，上課時間不可能去督察，加上有極少數炊事人員與幹部操守欠佳，在雜貨進貨項量動手腳，輒造成聯廚的損失。

童校長極為重視學生的生活照顧，他認為做好學生食衣住行的照料，不僅僅是讓同學們安心向學，它更是一種學習的過程。只有曾經受過良好生活照顧的學生，在成為軍官後，才知道如何去照顧士兵。他特別重視辦好伙食，認為那是部隊領導成敗的重要因素之一，部隊伙食好，官兵在歷經一天辛苦的操練後，能享受一頓美好的午（晚）餐，對士氣的提升肯定有所助益；反之，伙食很差，官兵第一時間即會懷疑幹部與辦伙人員的操守，既不利士氣，也影響主官的領導統御。是以，他要求學生從驗菜、監廚開始，瞭解並學習辦伙。

基於「他山之石，可以攻錯」，童校長在我們組團赴新加坡參訪時，要求教育長鄭守鈞將軍帶我們去觀摩該國武裝部隊學院的伙食。我帶隊赴美參訪，他交辦的重要課題之一，便是瞭解各軍校如何處理學生食宿的問題，尤其是與本校性質最相近的西點軍校，更要列入觀摩的重點。嗣後，他又親自帶領學校的重要主官管，去參觀中鋼的物流管理，以及該公司如何處理包括協力廠商在內萬把人吃飯的問題。他率領我們親自到餐廳用餐，看到中鋼公司運用自動化系統以節約人

力，二十幾位專業人員，在妥善分工協力下，居然可以提供數千人二十幾道色香味俱全菜色的自助餐，以及線上作業人員與外包商將近萬份便當，整個流程有條不紊、應付裕如，效率與品質令人印象深刻。

童校長這些指導，教我們不僅要如何辦好伙食，更希望能引進新的管理觀念和方法，在國軍人力日益精簡勢不可擋的狀況下，仍然可以藉助自動化科技與機械，發揮效率順利運作。募兵制已經上路多年，在少子化浪潮衝擊，以及國人既有觀念影響下，志願役官兵招募成效不如預期，人力短絀每下愈況，即使恢復徵兵制，能否紓解野戰部隊兵力不足的窘況，有待觀察。想想國軍（尤其是地面的戰鬥部隊）所面對的問題，回顧童校長二十餘年前的遠見，不禁令人佩服這位先行者的前瞻眼光與宏觀視野，更聯想起林則徐在于謙祠所題的對聯：「公論久而後定，何處更得此人！」國軍啊！何處更覓兆公？思之悵然！

◎官校學生部隊聯合餐廳作業現況（資料來源：陸軍官校臉書專頁）。

● 前瞻擘劃影響深遠

童校長由位高權重的六軍團司令調任官校校長，並沒有因此而怨懟或懈怠，反而認為教育是百年大計，為建軍備戰的根本，影響陸軍和國軍的未來，是最廉價的投資。因此，他利用有限的時間，全心全力投入，為學校完成前瞻而整體的規劃，譬如學生活動中心、科學教育大樓、綜合圖書館……等等，都是他爭取建案並完成擘劃，而由繼任校長加以完成。

　　他吸取史達林格勒保衛戰等戰史上的教訓，認為狙擊戰是以寡擊眾、以弱勝強的作戰方式，甚至可以發揮戰略性的作用。因此，設計了八百公尺的野戰靶場，預劃設置在洗衣工廠的南側，為後續狙擊戰種子教官訓練做準備。歷經二十年，證明他的遠見。此外，他在黃埔湖畔的中興崗蓋了一座「書劍軒」，與黃埔賓館隔湖相望，風景秀麗，希望能延聘全國的名師大儒駐校講學；並建案構築教授職務官舍，改善生活、工作環境與條件，希望招徠、留住優秀師資，重現早年閻振興等大師級專任或兼任教授雲集的盛況。

◎童兆陽校長在黃埔湖畔建構「書劍軒」（在樹林間的白色建築），做為延聘優良師資的招待所。

◎陸軍官校學生部隊團集合進餐廳，校服設計暨恢復學生制服之榮譽帶，均在童校長任內完成（資料來源：陸軍軍官學校臉書專頁）。

◎陸軍官校學生部隊進餐廳儀式，軍樂隊演奏進行曲（資料來源：陸軍軍官學校臉書專頁）。

再者，他恢復學生軍常服褲子佩帶榮譽帶，並要求學指部廣蒐資訊，設計學生的校服，取代現行一般的軍服，增加學生的榮譽心和責任感。我們參考了世界著名軍校的校服，並徵詢服裝設計師的意見，設計出官校目前深灰色外套，搭配白色襯衫的校服。且校長有鑑於學生穿著運動服，在校園活動難以辨識高低年級，乃指示設計各期學生夏、冬令運動服，重點在於袖口顏色的變化，使期班易於識別，讓學長更加自律，學弟知所警惕，此即目前官校學生穿著運動服的式樣。

童校長所有的規劃，從硬體的建設，到軟體的制度設計；從大方向的擘劃，到校服設計、伙食改善，整然周延，彰顯他深邃的眼光，以及廣闊的視野。這些規劃後來都逐一被實現，是以他的任期雖短，但對官校教育的影響，卻非常深遠，尤其是他的一些辦學理念，歷久彌新，更值得我們記取和學習。

● 後記

　　網路近來盛傳一句轉貼文字：「事業的最高境界是：你已遠離江湖，江湖還在流傳你的故事。」一個軍人是否受到他人的尊敬與懷念，不在階級的高低或職務的大小，也不在任期的久暫，而在你任職期間為國家、社會及部隊做了一些什麼？是不是公正無私、善盡己職、照顧部屬？一個人生命的長短，也不在有形軀體存活的久暫，而在你已遠離人世，仍然有無數的人在心中緬懷，傳誦你不朽的傳說與故事。

　　童校長 2000 年辭世迄今已二十三年多，「哲人日已遠，典型在夙昔」，他的擔當、寬容、膽識與智慧，將永遠活在他的部屬與學生的心中！尤其正當敵軍兵臨城下，國軍遭逢數十年未見之變局與挑戰，我們更加懷念這位儒將穿越時空的眼光與視野！願天佑臺灣！天佑國軍！

◎官校中正堂

◎雨農樓前方：鳳山黃埔校區第一代的相思豆樹。學指部歡送童校長高升，曾敬贈此樹樹籽所
　培的樹苗兩株，寄予無限的祝福。

十、國軍將領的標竿：丁渝洲校長

　　丁渝洲將軍是國軍最優秀的將領之一，文韜武略，莫不傑出。尤其是他連、營、旅、師長皆任職於島鄉，五度駐防金門，在家鄉有許多友人。因此，我在初級軍官時即慕其盛名，至為欽佩。然而，緣慳一面，從沒有接觸過。

　　民國七十八年底（1989），個人自三軍大學陸軍指揮參謀學院畢業，曾經由時任丁先生侍從官的戴君蒔少校（四十九期學弟，原名戴家祥，是我擔任教育班長時的入伍生）推薦，準備調作戰署服務，惜因被留訓戰術研究班而作罷。嗣後，我陸續在三軍大學、國防部、步兵二六九師，海巡部等單位服務，後又進了戰爭學院受訓，長達六年基本上脫離了陸軍的圈子。印象裡依稀得知丁先生擔任過步訓部指揮官兼步校校長、陸軍總部參謀長等職務，其他一無所知，實有憾焉。

第二十二任校長
民國八十六年七月一日至八十七年一月二十二日
本校三十五期畢業 山東省日照縣

◎丁渝洲校長玉照（資料來源：黃埔校史館）。

　　民國八十四年（1995）六月十七日，我奉調回母校擔任學生部隊指揮官，那個職務另有一個身份：官校後備師駱駝山旅旅長，戰時動員編實前推，負責高屏溪（含）以西，迄臺十七號道以東的守備任務。主要任務就是確保鳳山山脊最前端的鳳鼻頭暨駱駝山要塞，阻止敵軍奪取鳳山山脊，向旗山要域突進，並掩護左高與潮屏守備區翼側的安全。

　　官後師由第四作戰區作戰管制，丁先生恰為當時八軍團兼第四作戰區的司令。這是我第一次與丁先生有了交集。然

◎民國八十四年漢光演習官校後備師的兵棋推演室便設置在黃埔廳。

而，以當年作戰區三軍兵力之規模，兵多將廣，旅級（含）以下幹部眾多，且與軍團司令之階層相去甚遠，能給司令留下深刻印象者，實不多見，遑論後備部隊的幹部，平時殊少接觸的機會。

　　國八十四年下半年，國軍年度漢光演習兵棋推演，由下而上逐級實施。官後師在黃埔廳設置兵棋室，進行各種防禦與逆襲計劃的推演，由兼師長的副校長辜世奇將軍主持。作戰區指派副司令楊慶齡中將率相關幕僚，到場指導。推演剛下達完一般狀況和特別狀況，丁先生即由第三處處長陳國屏少將陪同，蒞臨兵棋室。他看到狀況描述，喊停推演程序，出了一個題目：「官後師的關鍵地形在哪裡？」要求大家討論。事出突然，大夥兒面面相覷，沒有人起立回答，剎時間場面頗為尷尬。丁先生見狀，當即指示給我們十分鐘討論，他便偕同副校長到屋外談話去了。

　　經過一番爭論，大部分人根據共軍《四戰叢書》暨「登島戰役教則」（註：共軍針對武力犯臺所編的登陸戰、山地戰、空降戰和城鎮戰等戰術戰法的準則，當年是非常熱門的研究課題，共軍登陸戰法是「關節癱瘓突擊，多維快速上陸，縱深超越打擊」的點穴戰），認為共軍登島作戰一經發起，必定指向官後師防禦體系的軟肋關節：坪頂。是以，官後師的關鍵地形一定在坪頂地區。十餘分鐘過後，丁先生重回兵棋室，獲知此一答案，顯然並不認同，又兩度徵詢參與人員有無不同意見。個人見狀，即舉手發言：「應該是鳳鼻頭至駱駝山之線。」此言一出，丁先生把頭轉向我，問道：「理由是什麼？」我站在第四作戰區的立場，將鳳鼻頭與駱駝山的地理位置，以及其戰略、戰術價值，做了簡明扼要的報告，他表示認同，且做了一些補充，讓大家對於自己作戰任務的定位，有了更為清晰的認識。

　　後來，多次見到丁先生，也都與後備旅的業務有關。首先，是駱駝山要塞東側（靠近清水岩風景區）解除禁限建管制的問題。因為在地立委的關切，當時的國防部部長蔣仲苓先生暨參謀總長羅本立上將，聯袂親自到清水岩現勘，並聽取相關的評估報告。不久後，丁先生也在該要塞的制高點141高地，聽取我的簡報。個人在簡報時，一直秉持：「就作戰需求而言，駱駝山要塞是一個完整防禦體系，東翼相關區域解除禁限建管制後，無異是撕開一個缺口，將使本旅守備遭受嚴重威脅，建議不予開放」的立場。丁先生雖有其不同考量，並未強迫我改變意見。多年以後，我得知丁先生為我扛下了所有的責任和壓力（含政治壓力）。我想，假如換了別的長官，我能否那麼好運就很難說了。

　　其次，是民國八十五年（1996）的漢光演習「干城實兵操演」。丁先生有鑑於基層幹部對小部隊戰鬥、戰術實務的生疏，有意在防區

構築一個完整步兵連灘岸防禦陣地，擔任示範。乃指示潮屏、岡南和左高三個守備區，進行規劃提報，最後裁定由駱駝山旅在鳳鼻頭海灘至鳳鳴村之線，執行示範任務。本旅在軍團全力支持下，動用了學生部隊（採志願方式，利用週六下午和星期天），克服各種困難，終於在演習前順利完成。構工時，丁先生非常重視，多次親臨現地視導，並對灘岸阻絕、兵力部署和火力配置，做了周詳而深入的指導，個人受益良多。

◎時任第四作戰區司令的丁校長在鳳鼻頭海軍陸戰隊營區接待室，聽取作者提報構築步兵連陣地計畫。

◎作者在鳳鼻頭海軍陸戰隊營區接待室，為時任第四作戰區司令的丁校長提報構築步兵連陣地的計畫。

「干城操演」期間，總長羅上將親臨連陣地視導，對作戰區將戰備任務落實到基層，以及有效結合野戰工事、堅固陣地和住民地的防禦部署，切合臺澎防衛作戰的環境，表示肯定。演習結束後，作戰區各部隊（含後備部隊）區分梯次到場觀摩，實施軍官團教育。官校暑期軍事訓練、步兵學校各種班隊連戰鬥教練以下的課程，也都帶隊到現場上課，實兵實作。丁先生此舉，對基層幹部小部隊戰鬥教練素養的提升，發揮很大的作用。我則領受指導，實踐中學習，成為本次任務中最大的受益者。

漢光演習結束後，八軍團所有與戰備訓練有關的大型活動，都通知我參加。個人到場才發現所有與會者，均係軍團建制單位的幹部，後備師旅級獲准參加者，僅有官後師駱駝山旅的旅長，引起軍團幹部側目。我知道這是丁先生對我的栽培，個人感激在心，不敢或忘。記憶裡，此期間參加的軍官團教育，計有臺南八甲寮城鎮戰訓練場地、高雄拷潭的砲兵縮小距離模擬射擊場，和屏東萬金營區的戰車戰力保存措施，以及戰車射控系統的訓練模擬器，範圍涵蓋了陸軍所有的戰鬥兵科。且參觀了某裝甲旅在保力山的三軍聯訓實彈射擊。那是個人從軍以來初次體驗如此大規模的火力展示，印象深刻。

丁先生前瞻未來臺澎防衛作戰型態的變遷，重視各兵種的幹部教育和部隊訓練，其大格局的眼光、視野和勇於任事的精神，讓人欽佩。個人也從他的循循善誘、有心培養下，得以充實諸多野戰部隊的相關實務，對後續的各種職務歷練，影響深遠。

◎總長羅一級上將視導鳳鼻頭步兵連陣地構築，右後方著草綠服者為時任第四作戰區司令的丁校長。

◎總長羅一級上將視導鳳鼻頭步兵連陣地構築，右後方著草綠服者為時任第四作戰區司令的丁校長。

◎總長羅一級上將視導鳳鼻頭步兵連陣地設置灘岸阻絕的現地報告。

151

◎兵科學校受訓學員生參觀第四作戰區鳳鼻
　頭連陣地構築。

◎第八軍團軍官團教育，參觀鳳鼻頭步兵連
　陣地構築，作者為全案說明官。

民國八十六年（1997）七月，丁先生令人意外的調任官校校長。此時，我剛完成四月份訪美的心得報告，並上呈校部，丁先生看後立即召見我，認為報告內容非常詳盡，極具參考價值，他會詳予研閱，摘取美校優點，作為未來推動校務的參考。個人對此深感榮幸，也對訪問期間的辛勞，以及撰寫報告所費諸多心血，覺得沒有唐捐。

◎作者撰寫並上呈的學生赴美參訪
　的心得報告。

丁先生到任第二個禮拜，校內爆發專科班某期學生考試集體作弊的案件，游泳測驗受測與代考人員，多達三十餘人。經我暨體育組長前往面報後，他在痛心、惋惜的狀況下，做了非常明確的指導：「儘速依照校規處理」。據其回憶錄「短暫的陸官治校」所述：為了此案，丁先生曾整整兩個星期不斷思考如何處理，也

◎丁校長陪同參謀總長羅上將視導官校入伍生團。

在巡視校區時，徵詢了獨行的官師生的意見。學生被開除離校的那個週末，他特別留在學校，以因應可能的突發狀況。且不久，李總統也知道這件事，國防部蔣部長在立法院遭到質詢，還有某南部立委前來說項，態度強硬要求給學生一個改過自新的機會，被他婉拒，甚至決心寧可辭職下臺，也不易其志。丁先生默默承受重大壓力，但在校內外各種場合從未透露，對我也是一句重話都沒說。個人是在二十幾年後，始由其回憶錄得知此一情況，在內疚之餘，益加佩服他的擔當與堅毅。

　　據陸軍當年盛傳，丁先生調到官校是受了一些委屈。但到校後，並沒有因為個人的遭遇顯露不平之色，反而懷抱強烈的使命感，更加積極於校務的推動。他有鑑於本校畢業生下部隊時，對基層部隊實務非常生疏，必須歷經數月的在職教育和適應，才能真正進入狀況。因此，要求官生人人熟背「部隊指揮六大程序」、「下達命令五段格式」

◎陸軍官校學生上電腦課情況。

外，並要求學指部納編專人，廣蒐資料，編纂基層幹部所需的內部管理、軍人禮節、軍事教學法和小部隊戰鬥教練等各種手冊，印發畢業生人手一套，帶往部隊運用。在我調往金防部前，各類手冊概已編訖，印發時個人已經離職。但在外島督導部隊，見到基層幹部已經擁有該套丁校長頒定的野戰部隊「葵花寶典」，讓他們在工作上增加不少信心和底氣。

　　丁先生也重視校園環境的整理，基本原則是簡潔、清爽、明亮。他要求樹木生長不得影響校舍的採光，無論是行道樹或營舍附近的樹木，只要過於茂密，兩公尺以下的蔓枝，都要適切修剪。經過修剪樹木，校園頓時感覺清爽多了，尤其是仁傑樓前那棵壯碩、茂密的「老榕樹爺爺」，被剃了頭髮，讓女生排宿舍附近原本陰暗的空間，明亮了許多，校園的環境，較諸童校長治校時期展現了相當不同的風貌。

　　丁校長除了繼續推動童校長原先規劃的各種方案，更著手整修會客室，讓前來探望子弟的家長，可以獲得充分的尊重與接待。擴建、充實位於南營區明德樓的醫務所，汰換更好的醫護器材，照顧全校的官師生兵。此外，丁先生非常瞭解圖書館在學校的重要性，他向上級建議增撥圖書館經費，充實館藏圖書和設備，使能確實發揮圖書館應有的功能。

　　丁先生到任不到一個月，金防部來函徵調我去接第三處處長，佔少將缺。丁先生曾經擔任該一職務，瞭解那是一個非常重要、且具挑

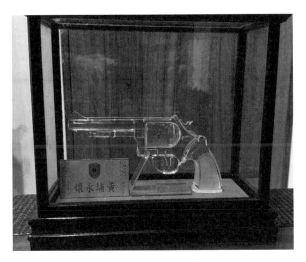

◎丁渝洲校長賜贈作者的水晶手槍模型。

戰性的工作，能出任該職，不僅是一項榮譽，更對個人未來發展影響深遠。因此，他很快同意這一徵調案，並出具保薦書力保，這在個人軍旅生涯中，等於跨出了非常關鍵的一大步，我對丁先生的無私與栽培，謹記在心。離職時，丁先生除了賜贈我一幀「功在黃埔」的紀念牌，還送我一枝安置在玻璃框裡、實體大小的水晶手槍，非常精緻。個人非常珍惜，目前典藏在金門老家的家族故事館「思源第」，將是家族永遠的榮譽。

◎官校醫務所，原位於北營區 102 福利站旁邊之平房，後來遷徙至原為軍官宿舍的明德樓現址，丁渝洲校長予以整修，充實相關醫療設施設備（資料來源：黃埔校史館）。

民國九十四年（2005）四月，個人奉調步訓部指揮官兼步兵學校校長，那是丁先生曾經歷練過的職務。步校嚴整廣闊的校園，錯落有致的建築，具有大格局的區域劃分，流暢的工作動線，在在顯示擘劃者的眼光和視野。學校的老人告訴我：「那是丁校長任內的心血結晶。」更加深我對丁先生的崇敬。

　　總之，丁先生的文韜武略和功績，令人景仰，已經青史留名，不必我多做著墨。謹此回憶個人軍旅過程，親炙丁先生勇於承擔、不計毀譽的軍人武德，以及提攜後輩、為國舉才的胸懷，表達我的崇敬與感恩。

第二部 樹的故事

老長官李翔宙先生從遙遠的丹麥傳來一段訊息，他指出：「丹麥許多地方的行道樹，不但樹齡悠久，樹容也壯盛宏偉，這都源自於長年分階段的施肥、栽植，有計畫的修剪、整型；近期哥本哈根市政府推出一項頗具創意的 "parthership trees" 計畫，只要是社區園內或個人家庭院有足夠的空間，願意協助推廣市容美化，都可於申請完成認證後，獲得免費高約二至三公尺的山毛櫸、白楊、樺樹，且由市府甄選派遣專家到場協助栽植及維護，計畫推出後迴響極佳，想當然爾，後效也必然可觀，有誠意又用心的施政，值得參考學習。」

這段話讓我想起：民國九十年代（2010）末期，行政院曾經編成專案小組，到各地瞭解各單位綠化的成果，陸軍鳳山的黃埔營區因為多年種樹成效斐然，雀

◎美國華盛頓故居到處是年代久遠的參天大樹，讓人抱以無限的欣羨。

屏中選，成為考評國防部的代表。個人當時在國防部任職，負責督導營區整建與綠化的業務，奉命前往陪檢。考察行程結束，一位被納編的學者曾私下詢問陪同的軍官：「陸軍官校綠化成效優異，環境優美，可惜的是：為什麼校園內的老樹如此稀缺？」問題問得好，但答案很不一般。我算是「老陸官」，是同期某孫姓同學口中的「黃埔幫」。從民國六十一年入伍，到民國一〇二年退役，此期間留校服務合計超過十三年，如果加上任職步校、「假日代巡」黃埔校區的時間一年七個月，總計達十四年多，有關黃埔營區和金湯營區「樹」的故事，可以說上一天一夜，真的是「樹樹皆是歷史記憶」呢！

◎官校校園中的鳳凰樹，六月總是綻放一樹的艷紅。

一、傳說中的美女樹

　　我入伍的時候,這棵傳說中的美女樹已經消失在地球表面,是由學長或長官處聽聞她的綺麗傳說,悠然神往。據說,在很久以前,官校北營區之奇樓和安瀾樓之間,曾經聳立一棵長相奇特的樹,樹幹非常高大壯碩,樹冠濃蔭密布,遮蔽整個之奇樓東側的草坪,根系盤根錯節,極為穩固。這棵大樹最特殊的地方,是樹幹靠近根部的位置,形狀神似一位身材至為曼妙,凹凸有致,獨缺頭部的裸體女性,大家都戲稱它為「美女樹」。

◎傳說中美女樹曾經聳立過的舊址:之奇樓。

　　年輕好奇的學生們課餘經過,都會拿這棵樹開玩笑,甚至品頭論足、指指點點,調皮者在私下打鬧嬉戲時,偶而會激將同學去觸摸類似的敏感部位。陸官早年雖然只招收男生,但校內畢竟仍有女性老師和職員,開玩笑的場合或時機不湊巧,也會造成尷尬的場面。嗣後,

◎秋冬季節的官校校園，校樹落葉繽紛，在蕭瑟中另有一種美感。

校部某位長官，在仔細觀察過該樹妖嬌曼妙的「美姿」後，總覺得有幾分不合軍校校園莊嚴肅穆的氛圍，甚至「有礙觀瞻」，長此以往可能破壞軍風紀，給外界不好的觀感。於是，他建議校長加以剷除，以正風紀。校長幾經考慮，下了「絕殺令」，斧斤之下，該樹轟然倒下，從此走入歷史，官校「美女樹」成為一個黃埔人口耳相傳的美麗傳說。

　　這件事讓我想起蘇東坡和摯友佛印禪師一段經典對話，「心中有佛，則看萬物皆是佛；心中污穢不淨，則所見都是牛糞穢物。」看到美女樹覺得有礙觀瞻與風紀，就不知道他老人家心裡在想什麼了。以當年的社會風氣和軍中文化，做此處置，並不令人意外，但建議砍樹的長官，以及下達命令的校長，似乎少了一點幽默感和遠見，使官校少了一棵深具特色的老樹，可惜！

鳳山黃埔舊事

● 附記：

　　有些期別比我高的學長反映：他們沒有見過這棵樹，也不曾聽聞過類似的傳說。因為年代久遠，筆者也不記得是那個階段、聽那位先輩或老學長所說的故事，但筆者人格保證，絕非自己杜撰。不過，也不必太嚴肅看待，就請當作一則具有警示作用的寓言吧！做為一位現代軍官，除了擁有軍事上的學能，也要具備足夠的人文素養和幽默感吧。

◎官校校園中的校樹綠蔭成林，宛如綠色隧道。

◎之奇樓

二、賽洛瑪吹走的黃鳳凰木

我在民國六十一年夏天入伍時，陸軍官校正對校門的中正路兩側，是非常高大的椰子樹，像兩排佇立的護衛，的確雄偉！但四季常綠，僅樹頂一撮硬梆梆的闊葉，直挺挺的，略顯單調缺乏變化。讓人印象較深刻的，則是南側有一排很像鳳凰樹的大樹，樹幹古樸蒼勁，恣意綻放著一樹鮮黃的花朵，好似燃燒的火焰，在陽光照射下，耀眼奪目，為北營區嚴肅、沉重的灰色系建築群，（註：民國六十年代初期以前，北營區的學生宿舍，並非當前白牆紅瓦的樣貌，而是灰瓦、灰色外牆，內牆下半部為草綠色加黑色腳踢，廁所與露天洗澡水池都在各棟樓房後方，並未被收納回大樓內部，也就是維持日據時代原本的兵舍風貌。在記憶裡，一直到朱致遠校長時，才逐棟整建成現在的型態。）平添些許活潑色彩，在緊張、沉悶的生活管理和軍事訓練的日子裡，那一簇簇代表著機智、樂觀和自信、高懸樹梢的黃花，總給我一種非常特殊的感受和聯想，提醒著自己要樂觀奮鬥、莫忘初志，即使再辛苦的磨練，也不容退怯。

◎陸軍官校北營區中正路兩側的大王椰子樹，
像兩排高大英勇的武士，捍衛著黃埔校園。

◎經過賽洛瑪颱風摧殘，劫後餘生，歷經四十餘年的奮鬥，仍然屹立在校園的黃鳳凰樹。

　　黃鳳凰木，尚未開花時，樹形和葉片都像極了鳳凰木，因此被戲稱為「山寨版的鳳凰木」。其實，黃鳳凰是豆科，盾柱木屬，又名黃焰木、雙翼豆、閉筴果及翅果木，是一種落葉大喬木，樹高可達十至十八公尺，因柱頭形狀像盾，故名盾柱木。果實為木質筴果，邊緣具粗鋸齒緣，如翅環繞，種子呈扁平狀，故也稱「雙翼豆」。盾柱木在

◎賽洛瑪颱風施虐後，司令臺後方的黃鳳凰樹劫後餘生，歷經四十餘年的休養生息，如今依然
　屹立在黃埔校園。

夏秋之際開花（七到十月最盛），花期可達半年之久，總狀花序合生成圓錐狀，開花時由花序底部慢慢往上開花，花朵鮮黃明豔，挺立枝頭，有如燃燒躍動的火焰一般，花也具香氣，這也就是為什麼每一期的入伍生都會為黃鳳凰綽約多姿的風貌而側目、吸引了。此外，盾柱木性喜高溫天氣，能耐風、耐旱，但不耐陰，樹冠傘形，闊達十二公尺，枝葉茂密，樹形優美，是非常好的庭園樹或行道樹。這排盾柱木應該是日據時代所種植，雖然是外來樹種，但已在黃埔校園屹立近八十年歲月，成為校景不可或缺的一環。入伍生在樹下上兵器等室外課，廣闊的樹冠，提供了炎炎夏日難得的蔭涼，成為奠基造型痛苦的錘煉中，少數感覺愉快的回憶。

可惜好景不常，民國六十六年（1977）七月下旬，小而強的「賽洛瑪」颱風（Typhoon Thelma），重創臺灣南部地區，更對即將接訓「三軍七校入伍生團」的陸官校園，造成重大破壞，整個校區滿目瘡痍，直如被地毯式轟炸過的模樣，校樹摧折殆盡，那些堪稱老樹的黃鳳凰木自然難逃一劫，被風勢數變的「剪力風」連根拔起，（註：「賽洛瑪」颱風是罕見由臺灣海峽方向登陸高雄地區，由西向東快速侵入的強風，因缺乏地形阻滯，橫掃高屏地區，直抵北大武山後，受到阻擋，風勢強烈反彈迴旋，回撲高雄，形成剪力風現象，在不同方向風力一拉一扯之下，破壞力驚人，風過之處，鮮有劫餘。）倖存者寥寥無幾，到現在也僅剩司令臺附近的幾株而已。

黃鳳凰木消失殆盡的中正路，後來雖然也補植了一些其他的樹種，但無法填補的，是那份老樹歷經滄桑的古樸，以及「任爾東西南北風」的堅挺，在入伍的季節裡，更少了一分繽紛的生氣與感動。南臺灣亞熱帶頻繁生成的颱風，以及校園栽植熱帶樹種的脆弱性，應該是黃埔校園缺乏老樹的主要原因之一吧。

◎作者退伍後於母校的黃鳳凰樹下留影。

三、行道樹裡的數字密碼

　　民國八十四年（1995）年中，我奉調返校擔任學生部隊指揮官，當時的校長，是我擔任學七連連長時的指揮官，以及忠誠部隊（二九二師）時的師長馬登鶴中將。馬先生雍容大度、寬厚隨和，尊重老師、照顧部屬、愛護學生，極具親和力，非常受到全校官師生的愛戴。他出身名門，曾留學美國，學經歷齊全，見識廣博，學養均豐，唯因軍中高層複雜的人事關係問題，致其仕途迭受影響。嗣後幾經周折，調回母校培育後期的學弟妹。這是他第三度在官校任職（最早的一次，是回學校預備班擔任預十四期的營長），內心充滿責任感和理想，認為能在軍旅生涯中回母校服務，是一種榮譽，仍然兢兢業業於校務的發展，如常巡視校區，關切學生的課業與生活，並未氣餒，也沒有顯示出不平的情緒。

◎官校校園綠蔭夾道，左側行道樹即是南洋杉。

　　民國八十五年（1996）七月，馬校長高升聯勤副總司令。接獲調職命令，可以感受到他對母校的依依難捨之情。離校前某一天的傍晚，他請隨從通知我到靈甫樓前報到，現地指示在北營區第一排學生大樓對面，概與司令臺前緣標齊的空曠草地上，種植一排為數二十九棵的南洋杉。馬先生是官校二十九期，也就是新制的第三期，這個數字代表他對本期的高度認同與自豪感，以二十九期為榮，更希望「以期之名」，在母校留下可長可久的足跡。我當然瞭解馬先生的心思和其中隱含的深刻意義。受命後，即帶領著第一線連的幹部，統一經始、挖坑、選苗，以一種虔敬儀式性的慎重，種下每一棵樹，並指定相對的學生連隊認養，要求務必用心照料，希望這些樹苗可以順利成長茁壯，變成大樹，以不負一位大學長內心的期盼。

◎陸官校校園北營區第一排兵舍前的行道樹，最前排、樹幹較細者，即為當年所種之南洋杉。

馬校長高升後，由六軍團司令童兆陽中將接任。童先生是軍中素具人望的儒將，此次打破「官校校長幹完升任軍團司令」的職務歷練慣例，逆序行之，由全軍最大的軍團指揮官調任官校校長，表面上的理由，是借重他辦教育的長才，實則牽扯到諸多「人」的問題，隱約有著貶抑和打壓的用意，軍中頗多不平之聲。然而，童先生到任後，絲毫沒有不悅之色，也沒有在部屬面前發過牢騷或有所抱怨（至少我從沒聽過），一個人遭受如此大的委屈，依然能維持心境的平衡，敬業如常，那種淳厚的修養和堅強的信念，是讓人欽佩的，這也對我軍旅生涯最後階段遭受境遇的應對，有所影響和啟發。

　　童校長畢竟是心思細膩、觀察力過人的長官，某日巡視校園，路經綏春樓前，駐足環視各學生連隊前的大片草地良久，突然像發現新大陸般轉頭問我：「那一排南洋杉是新種的嗎？」我不加思索，爽快

◎官校校園中的南洋杉，是傳承，也是一種對母校的感恩和眷戀之情。

◎作者暨妻王素真參加校慶典禮，在官校綏春樓前合影。

的回答：「是的！」童先生接著問：「一共有多少棵？」我說：「報告校長，一共有二十九棵。」童先生低頭略做沉吟，回過頭鄭重的交代我：「往後面接著再加種五棵吧！」二十九加五，不就等於三十四嗎？那正是童校長畢業的期別，人同此心，心同此理，我懂。

　　民國八十六年（1997）九月，承蒙陳鎮湘司令官、丁渝洲校長兩位長官保薦，我從官校調金防部佔少將缺。此後十餘年，雖有公務返校的機會，但行色匆匆，並沒有注意到那一排南洋杉存活多少、又長多高了？民國一百零五年校慶，是本（45）期畢業四十周年紀念，加以當時陸軍司令，恰好是同期同學邱國正上將，我偕老妻專程南下參加校慶典禮，接待區恰巧位於靈甫樓，我站在走廊上，看到那排南洋杉已經有三、四公尺高了，可惜有部分空缺，或補植其他的樹種，詢問接待的幹部，已經沒有人瞭解種植那排南洋杉的緣由，以及數量裡隱藏的意義了。我想：這也不怪現在的幹部，一則他們太年輕了，沒有兩位老校長深刻的人生歷練，再者每天行色匆匆，為應付行政事項而奔波，何曾有閒靜下心來，細細觀察、品味這個校園所曾歷經的滄桑。

「草木亦有心，萬物皆有靈」，二十九加五，箇中有學長、學弟的包容、接續和傳承，更有十年樹木、百年樹人的期盼，樹木的數量，深藏著兩位老校長內心的眷念和自豪，意義深遠，樹何止是樹呢！

◎百韜樓

四、不同的「樹」哲學

　　我們周遭環境裡有很多樹，營區植樹、管理樹木，更是一門獨特的功夫。軍隊是一個封閉型的社會，往昔環境維護和水土保持的意識薄弱，營區指揮官對於環境的管理，包括樹木的栽種和砍伐，有很大的裁決權限。一般而言，上級指揮官通常認為此屬內部管理的範疇，不會也不宜橫加干涉，是以南轅北轍的觀念與作法，屢見不鮮。個人軍旅生涯中，觀察此種現象，以及其產生的影響，感觸至深。

◎北營區校園，早年樹木鬱鬱蔥蔥的風貌（資料來源：黃埔校史館）。

◎北營區校園移除原本的大樹，種上大王椰子樹，景觀風貌劇變。

　　據說在我入伍之前，官校有很多日據時代留存下來的高大老樹，某任校長因秋冬季節落葉蕭蕭，大量落葉的打掃，佔去示範部隊和學員生不少課餘的時間，加以感覺原有樹種樹形不夠整齊雄偉，乃將大多數靠近馬路的老樹，悉數砍除，在重要道路兩側改種大王椰子樹，那已經是我入學時所見到的景象。

觀念決定行為，一個大動作牽涉到許多細節，譬如：樹容主觀的視覺美感、老樹存在的價值、落葉如何處理等等，人言人殊，其實並無客觀標準。記得個人學指部指揮官任期內，代表校長赴美參訪，見到色岱爾、維吉尼亞等軍校，大路和校舍周遭打掃整潔，但大樹下草地，灑落厚厚一層枯葉，步道小徑也是落葉遍地，信步其間，踩踏時沙沙作響，想必不是每日定期清掃，但看起來卻也不覺礙眼，反而另有一種自然、閒適的美感，在嚴肅的軍校內，增添幾分人文書卷氣息和超脫自在的氛圍。

◎官校校園中的桃花芯木，秋冬季節飄落一地黃葉，別有不同景況

　　那位砍樹的老校長，據說退伍後移居美國。曾有昔日的學生去探望他，提起當年校園砍老樹種新樹的往事，他已不復記憶，僅再三強調自己在官校種了很多樹啊。歐美重視生態維護，環視周遭不乏老樹、大樹，既美化景觀，又改善了生活環境，致對他老人家晚年的觀點，產生了部分影響，只可惜數十年前那些被他剷除的老樹，再也回不來了。

　　種樹、砍樹的問題，也曾發生在陸軍步校。尚未整建前的步校，都是大通舖的平房，生活條件與官校有相當大的落差。我們官校四年級前往接受分科教育時，有同學自嘲是富家子弟落難貧民窟，惹得步訓部指揮官兼步校校長大發雷霆，指責我們是不識人間疾苦的紈綺子弟。在那個倡導毋忘在莒、克難建軍的年代，各部隊都會利用營區的空地養豬種菜，藉以改善伙食，我不瞭解當時的步校有沒有養豬種菜，但見校區種了很多的芒果樹，產季結實纍纍，外包給水果商採收，盈利則撥入官員生兵的福利金，立意甚佳，然而卻經常發生官士員生私自採摘的違規事件，不得不加以懲處。因為發生的頻率不低，當時的校長痛心疾首，認為這些讓人垂涎欲滴的芒果，引人犯罪，是軍紀維護的大敵。加以果樹結果季節，也引來大量的果蠅和其他昆蟲，影響環境整潔衛生，幾經考慮，陸續予以剷除。後來步校金湯營區整建，植栽重新規劃，換種樟樹和櫤樹，我回步校任職時，除了圍牆邊偏僻處少數幾棵「劫後餘生」，幾乎已經看不到芒果樹的蹤影了。

　　芒果樹容易招蟲，樹形也不優美，果實成熟時且會引來蚊蠅，其實並不適合種在鄰近學員生和官兵生活圈附近，以經濟為目的大量栽植，更易導致軍紀問題。因此，種樹實為一項專業，必須考慮種植的目的、環境和條件，慎重選擇樹木的種類，絕非小事。否則辛苦栽種，長年維護成林，卻在一夕間灰飛煙滅，豈是痛心二字可以形容。

　　此外，對於樹木的照顧、修剪，也不容易，甚至牽涉到深沉的觀念問題。譬如童兆陽校長認為：「大學校園裡的樹木，是環境的化妝師，茂盛的樹林，構成校園的美麗風景線，尤其是氛圍嚴肅的軍校為然。」因此，他惜樹如命，嚴令各級單位，對各種校樹的修剪，必須按照節令行之，而且只能小修，不得動到大的枝幹。是以在童先生任內，官

校各種樹木鬱鬱蔥蔥，恣意生長，即使其茂密程度已影響到校舍採光，他仍不准我們大動作修剪，最明顯的是仁傑樓女生寢室前那棵碩大的老榕樹，樹冠遮天蔽日，樓前的馬路形同綠色隧道，夏天的白晝，的確涼爽舒適，但入夜後幽暗陰森，冬日在北風吹拂下，更覺蕭瑟。經我反映後，他的指導是「老樹有其價值，只要不影響生活作息，維持自然就好」，潛臺詞還是小修就好，不得大肆修剪。

◎官校仁傑樓前的大榕樹，當年濃蔭密布，歷經三十年風雨摧折，作者返母校懷舊探望，已經不如往昔健碩。

民國八十六年（1997）七月，丁渝洲校長接替童先生，也是由軍團司令調任官校，其境遇與童先生概同。丁先生在國軍將領中素以戰略素養卓越著稱，治軍嚴謹、講求效率，跟童先生的事緩則圓風格迥然不同。其行事作風，明顯展現在校樹的處理方式上。

丁先生雖然也認同樹木不可以隨意修剪，必須講求季節和方法，

但基本原則是樹木生長不得影響校舍的採光，無論是行道樹或營舍附近的樹木，只要過於茂密，都要適切修剪。他在履新一個禮拜後，即下達修樹令，第一株要處理的當然是仁傑樓前的「老榕樹爺爺」。那棵老榕實在太「壯碩」、太茂密了，修剪起來實非易易，加上民間素有榕樹是「陰樹」，不慎驚動會惹禍的傳說。（學校後山教練場附近的田寮巷，某廟宇旁的老榕披紅掛彩，還被當神來膜拜呢。）

我當然不信靈異之說，但安全無價，不能不慎重。於是，召集當時的學二營營長王立民中校、學九連連長劉慶元少校現場勘察、反覆推演，決定不動用學生，而由有經驗的幹部親自上場，爬到樹上修剪，修剪時以安全防險為最高原則，由外而內循序漸進，以「小口吃」的方式進行作業。慢工出細活，歷經兩天的辛苦，老榕經整容、修剪後，清爽許多，附近原本陰暗的空間，頓時明亮起來。

個人離開官校後，曾歷練諸多重要軍職，每每想起童先生與丁先生不同的修樹理念和作法。他們的想法與作法，並無對錯與高下之分，只是考慮的角度和因素不同而已。我想只要因時因地融合靈活運用，對於營區樹木的管理，應該可以找到真正切合本身需求的方法吧。

◎官校校園的黃埔公園，往昔是中興崗單兵戰鬥教練場，同樣是童山濯濯，嗣後經過綠、美化，如今已是黃埔湖勝景一環。

五、雨農樓的相思樹

雨農樓東半棟（學生部隊指揮部）前方草地，種有幾株相思樹（正確的名稱應該是「小實孔雀豆」或「小實海紅豆」，花期為四至五月或八至九月），秋冬季節的課餘時間或假日，常見有學生低頭尋尋覓覓，似在找尋什麼，他們專注的態度，讓我好奇，後來才知道是在撿拾小實孔雀豆美麗的紅色種子，也就是詩人王維詩中所寫的紅豆。俯拾紅豆送給心愛的人，應該是很多陸官學生的共同經驗與美麗回憶吧。

◎作者在畢業後重返母校，與鳳山黃埔第一代相思豆樹合影。

我學生時代（四年）和留校期間（長達七年多），都不知道有這幾棵相思樹的存在，住過的校舍：清泉樓、長青樓、綏春樓和百韜樓，以及南營區的作民樓，與相思樹都有段距離，即使最近的百韜樓東半部，也有十來公尺之遙，無緣目睹撿拾紅豆的盛況，當然也沒有去撿過紅豆。與內人談戀愛時，我在官校當教官，個性木訥低調，不太懂得曬浪漫送一些表達愛意的小東西，憑的只是一股「憨膽」勇氣和鍥而不捨的毅力，妻瞭解個性，也從不計較要聽甜言蜜語，當然更不計較什麼小禮物了。

◎作者與子女在官校雨農樓前撿拾相思豆，左起次女懿寧、作者、長女懿慈和
　小兒獻寬。

　　我戰院畢業後，調任學生部隊指揮官，兩個禮拜回家一次，假日
留校的時間很長，就近之便，便趁學生不在的時候，學著去樹下尋寶，
第一次拾滿一個小玻璃罐，滿心歡喜帶回家送給老婆大人，那想到她
居然露出一副不可思議的表情，歷經二十幾年，我依稀記得那個奇怪

177

的表情，她大概不太相信木頭人終於開竅了吧。那瓶紅豆原放在客廳的小架子上，幾次搬家，現在也不知所終。此外，近日整理老照片，有當年妻兒來校眷探留影，多幀父女共撿紅豆的照片。如今，慈女去當天使已經兩年多了，睹物思人，紅豆難解思女之情。

官校學生除了撿拾相思豆送給心儀的女孩（或男孩），也曾有一些溫馨的創意。童先生調升陸軍副總司令，本來婉拒各單位歡送，但學生部隊以團集合進餐廳會餐，邀請校長臨別贈言，給同學們一些勉勵。童先生最喜歡和愛護學生，於是偕同師母一起來了。餐會開動前，實習旅部贈送校長兩件很特別的小禮物，一件是由學指部一位預官（清華大學電機系畢業的高材生，時間太久，恕我記不起大名）手捏的、身著閱兵服的學生泥塑；還有一件是種有兩棵紅豆樹苗的盆栽。在黃埔校歌和「遍地桃李」的最敬禮歌聲中，實習旅長呂文元（六十六期）將這兩件不花錢、卻意義深遠的禮物呈獻給童先生，他暨師母眼眶泛紅，極為感動。

時光飛逝，童校長去世已經二十幾年，不知兩株小實孔雀豆樹苗是否已經順利長大？但無論如何，大家對童校長的景仰和思念，就像雨農樓的相思豆一般，會生生不息、永遠流傳下去。

六、鳳山山脊的植樹造林

　　鳳山山脊，是官校生非常熟悉的地方，從入伍訓練、暑訓到步校分科，所有的戰鬥教練、兵器實彈射擊，都離不開這塊區域。因此，所有曾在官、步校受過訓的人，輒有「走不完的先鋒路，攻不下的七一四，踏不平的六一二」之嘆。

◎民國八十三年黃埔七十週年校慶，三軍四校聯合旗隊通過司令臺，向大閱官致敬。後方遠處的六一二高地暨鳳山山脊線，仍是童山濯濯。

　　廣義的鳳山山脊，是由鳳鼻頭→駱駝山（清水巖）→赤崁山（現鳳山水庫）→小坪頂→孔宅高地→陳厝巷→配水池→七一四高地→震撼教練場→六一二高地→望雲山→拔子籃山→墓府山，綿互連接仁美高地到大樹龍目高地之線。狹義的鳳山山脊，則包括鳳凰山（軍

中所稱的墓府山、拔子籃山、望雲山、五零高地、六一二高地、震撼教練場之線，民間俗稱「雞母山」）和南尚書林山（即四六三高地迄七一四高地、配水池之線），官校師生統稱之為「後山」。這一線的高地，平時是官校和步校的野外教練場地，戰時則係俯瞰左高戰略要域（包含機場、港口），固守藉以分割高屏登陸敵軍的地形要點。

　　本文所指是狹義的鳳山山脊。早期的鳳山山脊童山濯濯，僅見少數竹林和芒草，樹木甚少，並非當前樹林茂盛的景象。在筆者學生時代，甚至初級軍官留校，擔任排、連長和教官時，從官校或步校校區，遠遠即可看見光禿禿的六一二高地野外教室和七一四高地，其他的週邊小高地，除了散落的幾座古墓，和軍事訓練的設施，幾乎看不見一棵樹。綿亙的丘陵雖不高卻坡度陡峭，加以遍布礫石，沒有樹蔭，使南臺灣烈日下的暑訓備感難熬。該一年代的官校、步校的各級長官，並不是沒有起心動念要植樹，但因訓場使用量大，加以土質貧瘠多礫石，養羊人家秋冬季節時，習慣於假日縱火燒山（註：利用假日，是因官校巡山的人放假，學生連隊也僅剩機動班，即使發現野火燒山，也來不及撲滅。燒山的目的，在使野草翌年春天可以重發嫩芽，俾供牛羊放牧），是以春天種下的樹苗，來不及長大便已悉數「陣亡」。

◎早年陸軍官校後山戰鬥教練場地的六一二高地，童山濯濯，在校園內遠眺即可看見其山上的野外教室。

◎早年陸軍官校的黃埔湖暨六一二高地、鳳山山脊，遠眺即可看見其上童山濯濯，光禿禿一片。

　　到了民國七十年代末（1990～）以後，隨著國軍兵力大幅精簡，官校專修班、專科班陸續停招，且各期班招收人數銳減，加以課程設計改變，除了入伍季節和暑訓，鳳凰山一帶的野外戰鬥教練活動，也隨之大幅度減少。此外，國防部、陸軍總部加強教練場地的巡管考察，陸軍官校總教官室，也設法阻止、防範養羊人家燒山，勸導渠等放棄野放牧羊，且有計畫、有組織的執行後山綠化，終於迎來鳳山山脊環境改變的契機。

　　鳳山山脊現在有南高雄之肺的美譽，是鳳山、大寮地區鄉親運動、休閒的去處。然而，似乎沒有幾個人確實瞭解這些茂盛林木的栽植、養護成林的過程。某南部的部落客「熊貓老爹」在文章中指出：這些樹林，「是周邊社區眷村的老榮民與『登山志工』風起雲湧的自行闢地『植樹種花』。軍方也樂得配合安排部分水源管線之外，並要學生種了上萬棵的樹苗後，卻無法每日定時定量地澆水，反倒是這批毫無組織的『老榮民與登山志工』自動自發地每日辛苦的搬運地下水澆水。」這個記載，

只知其一不知其二，並非全部的事實。

　　我不否認鳳山山脊的綠化，周邊社區眷村的老榮民與『登山志工』的確有其非常重要、不可抹滅的功勞。但起頭最困難的奠基部分，則是陸軍官校總教官室所有軍事教官十幾年努力的成果。筆者為了查證種樹的經過，曾訪問當年的靈魂人物：施世銘總教官（陸軍官校四十一期學長），他謙虛的回應：「只是做應該做的事情，想為母校留下一些東西。」不認為有何值得誇耀之處，嗣經個人再三強調，僅為這件有意義的工作留下紀錄，別無他意，他才娓娓道出整個種樹的

◎陸軍官校後山教練場地六一二高地現況，原本光禿禿的野外教室週遭，已經遍佈樹林（圖片來源：冬烘居部落客）。

◎時任戰術組長的李承山老師與專二營營長時的施世銘總教官。

始末概況。

　　民國八十二年（1993），施先生由三軍大學兵研所畢業，奉派母校擔任軍訓部總教官，督（查）課時，覺得野外戰鬥教練休息時間，官生均無處可躲南臺灣當空的炙熱太陽，影響健康和操課效果，乃發動教官組在教練場地種樹的活動。他們先找高雄縣政府申請樹苗，不意碰了軟釘子，縣府承辦人明白告知：雞母山地質不適合種樹，實驗多次無一成功，為了避免浪費寶貴的種苗，礙難支援。但總教官室並未氣餒，繼續研究何種樹木適合當地乾旱貧瘠的地質特性，然後由所有教官組各顯神通，自己去找樹苗。

　　皇天不負苦心人，經內行人提點與試種，教官們發現有幾個樹種有較高的存活率：一是桉樹和苦楝樹，生命力強韌，抗旱抗風，只要根部不死，來年春天必發新芽；其次為榕樹和菩提樹，除了生命力超強，還可以插枝繁殖，榕樹插十枝可以存活兩枝，菩提樹則達三枝。後來，更透過校友的關係，在花蓮要到部分的茄冬樹苗，這也是為何山脊線樹林大多為這些樹種的原因所在啊！此外，窮則變變則通，教官們更釜底抽薪，改造土壤，優化樹苗的生長條件，大幅提升存活率。

後來，存活的樹木漸漸茂密，日愈成林，相互幫襯，週遭的環境，也逐漸轉化有利增加樹苗的存活率。官校校部在教育長王昊將軍（陸軍官校四十一期學長）支持下，也參與是項有意義的活動，申請獲得萬棵樹苗，並發動學生挖樹洞栽植，但因課業不容耽誤，於是由教官們主動擔負起定時澆水的責任。總教官室劃分教官組責任區域，教官們必須利用課餘、體育活動時間，或下班後，甚至休假時間，換上體育服或便裝，按分配範圍，輪班給樹苗澆水。

◎官校後山教練場地，目前已經成為高雄重要的休閒運動場地，學校樹立告示牌，防範森林火災。（圖片來源：冬烘居部落客）

　　澆水的水源，剛開始時，必須由校內載水到山腳下，然後提水上山，嗣後校部感受到他們的誠意與熱情，乃在有限的行政預算裡，擠出經費，由東營區接管到野外廁所，用馬達加壓，將水打上水塔，大大縮短了取水的距離。但樹苗高踞山坡，甚至山脊、山頂，仍然需要人工提水，逐棵澆灌。試想，如此大面積的植樹，沒有計畫、沒有組織，沒有青壯年所擁有的體力和耐力來執行，豈能持久而終底於成？穿體育服或便服的教官，與眷村老榮民，與『登山志工』遠看如何區別？我想這應該是部落客「熊貓老爹」誤會「官校種樹卻不澆水」的原因

所在。筆者民國八十四年調回官校任職，一直到八十六年離開，兩年
多的時間，親自見證鳳山山脊那段篳路藍縷植樹綠化的過程，自認為
有責任為這批無智名、無勇功、為後山綠化打先鋒的默默耕耘者留下
紀錄，不為爭功，僅在說明事實。

　　施總教官特別指出當年綠化的重點區域，在震撼教練場、鳳凰山
一帶，至於尚書林山地區綠化，則係後來社區志工、地方政府投入的
成果。而有些眷籍鳳山、大寮的教官，退伍後也成為種樹志工，繼續
為改善這塊土地的環境而努力。施先生對當年參與這項工作的各組（戰
術組、兵器組、一般組和體育組）教官們充滿敬意，他特別表揚戰術
組組長李連喜上校（陸官四十三期學長）的堅持和努力，他的毅力，
鼓舞了所有人的士氣，奮鬥不懈，終能戰勝惡劣的環境，為鳳山山脊
綠化奠定成功的基礎。

◎陸軍官校後山教練場地如今樹林密佈，鬱鬱蔥蔥的景象，已然迥異於往昔（資料來源：陸軍
　官校教務處教材科）。

◎早年陸軍官校後山戰鬥教練場地的六一二高地，童山濯濯，在校園內遠眺即可看見其山上的野外教室，目前山林密佈，景觀迥異（資料來源：陸軍官校教務處教材科）。

　　十年樹木，百年樹人，前人種樹，後人乘涼，當年種樹的教官們，如今恐怕都已經解甲歸田，甚至有少數人也已辭世，他們沒有留下任何的印記，也不存有任何爭功的念頭，唯一的信念，是讓後期的學弟妹們擁有更好的教練場地，留給社區鄉親一個清新可親的環境，如此而已。如今，徜徉在山林之間的高雄市民，或教練時享有一方沁涼的官校生、步校員生，應該回顧該一山脊稜線由童山濯濯到蒼翠山林的艱辛過程，對流血流汗努力過的人們，報以虔誠的敬意和感謝，陸軍官校乃至高雄市都應該將這段歷史載入史冊，廣為周知，英雄無名，但不應該被遺忘。

◎陸軍官校後山教練場地如今樹林密佈，鬱鬱蔥蔥的景象，已然迥異於往昔（資料來源：陸軍官校教務處教材科）。

● 附記：

　　部落客「熊貓老爹」說：「鳳凰山、南尚書林山可說是改頭換面，可惜無對比的照片。」其實是有的，何不向陸官校或施總教官取經？至於他又說：「也因為『水到渠成』後，縣政府、軍方、臺電、中油、中鋼方纔積極的投入後，成為政治人物與軍方將領的『功勞』文宣。」如此評價地方政府與國營企業，個人沒有意見，但對軍方用心投入的評語，則有待商榷，亟待辨證。個人以為：沒有陸官校教官組在萬事起頭難狀況下的努力經營，就不可能有後來社區志工的投入，以及鳳山山脊的連綿蒼翠。辨析真相是責任，感恩惜福是修養，飲水思源，豈能或忘。

　　民國九十四年（2005），筆者調回步兵學校任職。翌年春季，高雄縣縣長楊秋興先生發起在步校後山教練場植樹綠化，找了步兵學校、臺電和中鋼合作，種下三萬六千多棵高雄縣的縣樹：大葉桃花心木，面積廣達三十公頃，其範圍涵蓋東、西教練路和裝步路。開幕典禮在步兵學校的司令臺前大操場舉行，場面非常浩大，個人代表步校，

與楊縣長暨臺電高管一起主持了起跑儀式，也一起驅車前往配水池前緣的東教練路旁，種下一棵樹，並將簽署的名牌掛在樹上。時隔將近二十年，有了臺電、中鋼等重量級國營企業的資源挹注認養，相信當年矮小的樹苗，現在應該是高聳的成樹了吧！

　　陸官校總教官室辛勤植樹，綠化成功，距離本案相去二十幾年時間，當年所能獲得的資源，更是少得可憐，相較之下，尤顯珍貴、值得我們感謝與感恩。

◎陸軍官校大操場遠眺，中正堂左側綿亙的小高地，即是鳳山山脊（資料來源：黃埔校史館）。

七、校樹有情

　　樹是一個生活空間裡的靈魂，樹更是環境是否友善、溫暖的試劑。海峽對岸的金門島鄉，曾因歷代兵鋒所加、伐木煮鹽，諸多苦難的熬煉，竟由樹木蓊鬱之地淪為斥鹵而瘠、風沙飄壓之鄉，樹，見證了浯島的哀愁與悲痛。國共內戰，國軍轉進來臺，數萬大軍撤守金門，既現戰火的烽燹災禍，也帶來歷史的發展機遇。為了軍事需求並改善生活環境，軍民胼手胝足，共同努力，廣植樹木，經過逾七十年的努力，才得慢慢恢復山林密布、綠意盎然的環境，成為優美的海上公園，島鄉軍民攜手合作，流血流汗，造福後人。

◎金門由童山濯濯的苦旱之地，變成林蔭處處的海上公園。

我曾造訪歐美、日本，甚至新加坡、印尼。對西點、維吉尼亞、色岱爾、威爾猛等軍校，或喬治城大學、馬里蘭大學，以及華盛頓故居……等地，對其數人環抱、高聳入雲，樹齡高達數百年的參天古樹，報以極度羨慕的目光。那代表著寧靜幸福的生活和環境，未經戰爭撕咬與貧困加身的摧殘，地表上所有的生物都受到優渥的款待──包括樹木在內。迄今，我仍難忘在色岱爾軍校巨樹下，踩著小徑厚積的落葉，抬頭仰望那傲岸樹影的心情，百感交集。

筆者曾忝為臺灣中部地區的軍事最高指揮官，視導阿里山上的通信節點。回程經過遭日本殖民者濫伐的古檜木林區，廣袤的林區，留下一株株直徑十餘公尺、凸出地表概約一公尺的巨木根柢，一望無際，加上那座暗沉高聳的樹靈塔，此情此景，直如巨木墳場，有著無限悲涼之感。明治三十五年（1902）受命規劃開發阿里山森林區的日本河合鈰太郎博士，離職多年後，於大正八年（1919）舊地重遊，目睹昔日曾經古木參天的森林景致，已被砍伐殆盡，感慨寫下：「斧斤走入翠微岑，伐盡千年古木林。枕石席苔散無蹤，鳴泉當作舊時音。」似有無限悔恨，也讓後人所立的「河合琴山博士旌功碑」更顯諷刺。這是亡國、被殖民者的悲哀，人為刀俎，我為魚肉，連樹木都難以逃脫被摧折的命運。樹木是一面鏡子，映照出斯土斯民的美麗與哀愁，樹已經不僅僅是樹了！

母校的樹，其生態歷經多個階段的變遷。在不同年齡層的校友回憶中，自有不同的校園植栽圖像，也有著不同的情感觸動。做為一個年過古稀的白髮校友，戀戀校園巡禮，從中正路兩排雄偉的大王椰子樹，司令台兩翼的黃鳳凰木、南洋杉，座落在北營區各棟宿舍間的樟樹、橄欖樹、芒果樹，校史館前與中正堂兩側的桃花心木和南洋杉，

先烈紀念園區的黑松與龍柏，黃埔湖的垂柳，還有南營區的橡樹、雨農樓的相思樹，志清樓前古意盎然的錢榆樹，甚至後山教練場的桉樹、苦楝、榕樹、茄苳樹和菩提樹，每一棵都是前人努力的成果，背後都有一些感人、值得追溯的故事，樹樹有情。

　　每棵樹皆是往昔歲月血淚澆灌的載體，每個校友在校時：年輕的夢想，激情的吶喊，青春的跳躍、奔跑，熱血的翻滾、劈刺，尖銳的槍聲、砲擊聲等記憶，都在每棵樹間盤旋。校樹無言，卻見證著一期期熱血青年，在鳳山炙熱陽光下，錘鍊奠基造型，從青澀的男（女）孩蛻變為戰士的過程。丁渝洲校長說：「陸軍官校四年，我已脫胎換骨，不是昔日老為功課掙扎的高中生，學校塑造了我忠誠正直、堅忍不拔的軍人性格。」這一段話為母校十年樹木，百年樹人做了最好的註腳。

　　十幾年前，母校曾推行一項具有傳承意義的活動。即將級校友退伍前，返回母校巡禮，然後在東營區慎重種下一棵樹，象徵感謝師恩，也代表著傳承。「前人種樹，後人乘涼」，代代人都種樹，眾樹成林，自然壯盛，長久的努力，必能獲得努力的代價。由種樹、建軍備戰到治國平天下，道理相通，此間學問大矣哉，樹何只是樹呢！

◎北營區校園

◎美國華盛頓故居到處是樹齡超過 200 年高齡的參天大樹，讓人不由得興起欽敬與欣羨之情。

第三部 事的故事

　　個人自民國六十一年夏季到官校報到，兩度留校任職，在母校的時間，累積多達十餘年，往事歷歷，有著太多的回憶，也有寫不完的故事，惜乎個人時間和精力有限，僅能摘其一、二，其餘就有待後續的努力了。

一、山中傳奇～北大武山訓練筆記

　　「北大武山野營訓練」案，就整個訓練地形和所經路線而言，艱困與風險程度，遠遠超過預期，是否繼續執行，允宜審慎評估。」據說這段話是陸軍官校許歷農校長高升，在與朱致遠校長交接時，曾有如此交代。個人沒有見到正式的紀錄，但該案在五十二期（含）以後，行軍路線即被大幅修改，避開了舊武潭 - 泰武 - 北大武山口到瑪家、三地門這段艱困路段，繞道而行，足見北大武山野營訓練案的確「艱難險阻」，安全堪慮。

◎野營行軍訓練現地偵察，左起駕駛林文杰、作者、李承山老師、初炳立、林樹鏞及另一位駕駛。

● 前言

在四十四年前，民國六十八年（1979）年中，兩個突擊隊的老兵，帶領一支未曾受過突擊、山地訓練，沒有配備特殊裝備的學生部隊，在台灣南部盛夏氣溫超過攝氏三十六度、酷熱的艷陽下，強渡關山，橫越北大武山艱險而寸步難行的山路。奇蹟式未發生任何重大傷損，順利達成訓練目標。這個不屈不撓、勇闖天關的故事，在陸軍官校裡長久被傳誦，已成永恆的典型和傳奇。

在個人四十餘年的軍旅生涯中，歷經無數次的訓練和測考，其中最讓我印象深刻而終身難忘的，莫過於這一個北大武山野營訓練案。雖已時隔數十年，但往事歷歷在目，午夜夢迴猶見當年情境。我答應過當時的長官、工作夥伴與學生，要把這段塵封的歷史，做一個簡單的回顧，就算是一個交代或紀錄吧！延宕多時，時值該一訓練四十四周年紀念前夕，翻閱當年的資料，我想是該實踐諾言的時候了。

作為全案的承辦（主課）教官，對於當年許歷農校長明確指導、愛護學生、臨危不亂的風範；總教官兼學生部隊指揮官王宗炎將軍，貫徹命令、勇於負責、主動積極的精神；戰術組長李承山老師豐厚實戰經驗、周全規劃準備、沈著穩健應變的智慧；終能領導全體教隊職官，示範部隊、以及所有五十一期的同學們，共同克服北大武山困難地形、酷熱及颱風來臨前的惡劣天候，圓滿達成訓練任務。迄今，回憶歷歷在目，仍然充滿感動和敬意。「美好的仗，我們已經打過了」，個人深信：那次訓練，將永遠銘刻在所有參與者心中。基於「經驗傳承、智慧支援」的理念，個人不揣淺陋，謹願憑記憶所及，就該案執行概況，敘述如後：

● 傳奇的開始～訓練緣起

　　民國六十八年，共軍正如火如荼的進行「五百公里拉練」野營訓練。當時的陸軍總司令郝柏村上將基於「以敵為師，超敵勝敵」的理念，要求陸軍部隊加強長距離行軍及戰鬥訓練，且指示「先練幹部後練兵」，必須由基礎養成教育開始做起。為了貫徹總司令的訓令，鍛鍊官校學生體力、耐力，培養吃苦吃粗的生活習性，以及堅忍不拔的戰鬥意志，俾便適應戰場和部隊狀況，乃規定陸軍官校學生的寒暑訓戰鬥教練，除了基礎課程外，教育計畫應加入長途行軍拉練，走出校門和鄰近的教練場域，向山區和偏遠艱難地形挺進，以邊走邊練的訓練方式執行，俾切合野戰的需求。

　　官校接獲命令後，即由總教官指導軍事訓練部與學生部隊指揮部，積極展開計畫與準備。在訓練要求上，從嚴；狀況設計上，從難；在訓練標準上，從實、從高；務期在軍事、體力、意志、精神教育上，達成「超敵勝敵」的預期目標。

　　帶領正五十一期（71年班）的學二營，是第一個實施這種訓練的學生部隊。第一次野營訓練，是「清水岩－旗山－六龜－黃蝶翠谷案」，指定筆者擔任主課教官。該案牛刀小試，行軍距離概略為一百三十九公里，完成訓練後，由校長親自主持檢討會，多所期勉。但王將軍認為清水岩案地形相對平緩，行軍里程較短，且大部分路線仍在赤崁山、坪頂、林園、大樹、嶺口和仁美等熟悉的教練場地範圍內，設計的狀況也相對簡易，不具有挑戰性，無法達成總司令要求「從嚴、從難、從險」的訓練目標。會後與戰術組李組長等重要幹部研究，共同策劃出有名的「北大武山山隘行軍野營訓練案」。是以五十一期第二次野營訓練的「北大武山案」，正式拉開序幕，往後還有「合歡山行軍、寒訓案」等四次類似的訓練，正等著他們呢！

● 傳奇先行者～計畫與準備

　　這次野營訓練，各級長官均極重視，除多次向校長提報外，前後共向總司令簡報三次，獲得許多寶貴的指導。郝先生要求計畫務必周延，準備一定要綿密而充分，並責成總部作戰署、後勤署全力支援，密切管制考核全案的執行。

　　官校獲得總部政策指導後，即展開各項規劃與準備工作。首先，必須先決定行軍路線。透過圖上偵察分析，擬訂三個執行方案：「北大武山案」、「南橫公路案」、「清水岩‐旗山案」距離加長版。其中「清水岩‐旗山案」的距離加長版，與前案路線重疊處太多，挑戰性不高，第一時間就被刪除了。故僅對「北大武山」及「南橫公路」等兩案做了提報前的現地勘察。南橫公路案，因為甲仙段正在施工，且前兩天的路線經大樹、嶺口、旗山，也與第一案重複，接著也被排除，僅剩下「北大武山案」。

◎北大武山野營訓練案現地偵察，左起總教官王宗炎將軍、林樹鏞上尉、戰術組長李承山上校、初炳立中校。

◎野營訓練北大武山現勘，作者與李承山老師、初炳立中校在崇山峻嶺間合影。

◎作者任野營行軍訓練案承辦戰術組教官，在北大武山現地勘察，於山口留影。

　　原本的「北大武山案」，其行軍路線是由屏東泰武經北大武山口、霧台，從三地門出山，但現勘發現泰武通往霧台的山路，必須通過隘寮溪上游，且馬兒村那段被山洪沖刷，已經坍塌中斷，不得不修改經由瑪家、水門出山。山隘行軍的路線稍為縮短，但對於我們的挑戰依然險峻

　　校長裁示同意北大武山案後，我們又作了四次現地偵察，所以前前後後共計實施六次現勘。第一、二、三次，由總教官王將軍親率李承山組長、初炳立少校、林樹壙及黃奕炳上尉等人執行，主在確認計畫的可行性。第四、五次，則由李組長率隊，除原有成員，另加許崇台上尉，目的在規劃狀況設計、宿營、野炊位置等細節。第六次偵察，係正式出發前一週（民國 68 年 6 月 29、30 日）由總教官率副總教官時上校、李組長，以及教隊職官二十九人、示範部隊官兵十五人，全程現勘，置重點於緊急救護、特殊狀況應變等措施預演，並執行北大武山口至瑪家村間山區小路艱險地形打樁、固定繩索等防險設置。

◎作者為野營行軍訓練承辦教官，在現地勘察途中留影。

第一次對北大武山路線實施偵察，本擬聘請泰武的山青擔任嚮導，但適值該鄉辦理傳統石板屋蓋房子比賽，青壯男女皆投入施工，即使加錢僱用，也沒有人應徵。不得已，我們只能在總教官率領下，用地圖、指北針，輔以登山隊的路標，硬著頭皮上路，此期間，還發生李組長和另一位教官走岔路、險些迷途的意外，所幸憑著李組長高度的警覺和豐富的經驗，以及我們在瑪家出山口附近，不斷以哨音引導方位，才得以脫困。因時屆終昏、天色漸暗，山霧籠罩，讓大家極為緊張。

在其他準備工作方面，本次演習僅編列 29,695 元的預算，跟現在部隊演訓動不動即需數十萬、上百萬，真是不可以道里計啊。即便如此，各項準備工作並未打折扣。除了政戰、人事、後勤的整備，學校並安排指導官、演習幹部一序列的講習和實作演練。而對五十一期同學們影響深遠、於渠等軍旅生涯助益最大的，則是演習前的部隊任務訓練。這些訓練包含愛民十大紀律、野炊、設營與滅跡、裝備攜行、裝車、人員上下車、交管，以及緊急救護、戰鬥互助……等相關示範與實作講習，課目看似簡單，實則卻是最不容忽視的基本功哪！這些講習示範內容，且由該期具美工天分的同學（如金南平、王明華等人）

調製成漫畫版的手冊，發揮很大教育效果。據瞭解一些有心的同學細心保存，於畢業後帶到部隊，還頗為實用呢。

「凡事豫則立，不豫則廢。」本次訓練，事前周全的準備工作，為嗣後的演訓奠定了良好基礎，也預防了很多可能發生的意外狀況，這就是陳鎮湘上將所說「備周力強」的道理。

● 勇者無懼～艱險的旅程

本次野營訓練時間為民國六十八年（1979）七月二日至七日，行軍教練的路線係由官校出發，鐵運到潮州。下車後，全付武裝揹背包，開始徒步行軍，由潮州經丹林（新武潭）～佳興（舊武潭）～泰武～北大武山口～瑪家村～水門內埔～里港～嶺口～鳳山厝～嘉誠村～大樹～小坪頂～仁美，回到鳳山，全程共一百五十點五公里（含山區路線九十九點五公里，佔全程66％）。因為實施的時間是在校慶及期末考直後，學生歷經迭次重大任務考驗，其精神和體力，備受煎熬與挑戰，也顯示當年學生體能狀況與心理素質的優越。本案能在軍紀嚴明、安全確保之狀況下，「全軍破敵」，如期達成訓練目標，殊為不易。現謹將經過概要敘述如下：

● 北大武山我來了！～第一天（七月二日）：行政行軍

演習前一天（七月一日）下午四時三十分，部隊全員全裝，準時在司令台前集合完畢，接受戰備檢查。並由戰術組李組長宣布演習一般狀況、特別狀況，重要教制令，且代表營長下達行軍命令。解散後，各連進行最後準備和缺失改進。

◎官校五十一期野營訓練，學生部隊於出發前做戰備檢查。

演習當天（七月二日）清晨，全期（營）五個連早早即已起床，完成準備，到司令臺集結完畢。五時整，依六、七、八、九、十連順序，按行政行軍隊形，由官校大門口出發，前往鳳山火車站，搭乘五時五十九分的南下平快車，於六時四十五分時抵達潮州。鐵運期間，部隊紀律良好，上下車順利。由於期末考熬夜，連日任務訓練操練，且凌晨三點多就起床，在火車上除了哨戒，大部分官生都在假寐休息，車廂顯得非常安靜。

各連自潮州火車站下車後，魚貫而出，在路旁完成行軍序列，仍由學六連為先頭，按七、八、九、十連順序，以行政行軍態勢，沿四春-佳佐向泰武方向前進。中午十一時十分左右抵達新武潭，在村外空地實施大休息，為了避免擾民，部隊沒有進入部落。由於天氣燠熱及疲

憊，加上該地大多為灌木（棗子、矮種芒果樹）果園，無適當遮蔭休息位置，學生們對豐盛的便當興趣缺缺，反而猛灌開水，種下午後行軍險象環生的景況。

◎野營訓練鐵運，右起羅際琴、作者、王興尉與許舜南在鳳山火車站合照，全副武裝者為學生連連長，佩帶臂章者為指導官。

中午十二時五十分，烈日當空。學生部隊整裝出發，自新武潭入山口通過出發點後，正式進入山地管制區。我們沿著北大武山西麓最惡名昭彰的髮夾彎登山產業道路行進，一步步往上爬。本以為隨著太陽西斜，山路的氣溫會逐漸下降，不料山谷西曬無法散熱，溫度陡增，且山上氣壓極低，造成部分學生呼吸困難、頭昏、嘔吐等嚴重生理反應。加上先頭連指導教官年輕氣盛，未按準則規定「平地每小時五公里，山地每小時三公里」行軍速度前進，忽快忽慢，猛往前趕。午餐

猛灌水不吃飯的後遺症，也漸次發酵，有人因口渴違規猛喝山泉水，加速體內鹽分流失，各單位陸陸續續開始有人掉隊，教官為了鼓舞士氣，都以「大家加油！轉個彎就到了！」喊話，殊不知髮夾彎數不清的彎，轉來轉去總是到不了，學生們的士氣大受打擊，於是落隊、熱衰竭及中暑人數快速增加。根據我的統計：當天熱衰竭或中暑休克共十三人（其中有三位送八〇二總醫院急救，但當晚即要求歸隊，參加翌日之行軍）；走不動，最後被車運收容者計三十六人。車運收容人數，依行軍序列逐連增加，以最後一個連：第十連人數最多，應該是與行軍速度不穩、逗留山谷時間最長有關吧。

原訂下午十七時最後一個連應該抵達泰武宿營地，但因行軍速度較預期緩慢，加以各連間距拉長，各部隊先頭於十七時四十五分至十八時三十分時才陸續到達，而所有人員真正收攏，則已超過晚上八點。部隊經整頓、用餐、紮營，就寢休息時間，已經超過二十三時，大部分學生體力透支和身心的疲累，超乎想像。而自總教官、李組長以次所有幹部的壓力陡增，都在為翌日更艱難的課目預為籌謀，竟夜難以入眠。但所幸所有官生兵在總教官、李組長鼓舞下，都能發揮不屈不撓、堅持到底的精神和意志，互相扶持、鼓舞，並在心理和生理上迅速自我調適，沒有因為第一天的考驗而潰散。

在當天還發生了一段插曲，入夜後，仍有部分掉隊的同學由互助組陪同，在山路上踽踽而行。總教官為了確保學生安全，及早完成部隊掌握，並避免影響次日之演訓，乃指示我押一輛大卡車下山，由山腳下往上收容。受命後，我徵求自願出勤的駕駛執行這項任務，不料因夜幕低垂、山區起霧，能見度不到一百公尺，資深者（當時官校勤指部汽車連還有一些資深士官）都藉故推辭，只有一位即將退伍的上

兵駕駛，自告奮勇開車隨我去接人，讓我很感動。當我們沿著霧茫茫的山路緩慢前行，花了一個多小時，將滿滿一車、連人帶槍載回泰武，真的很有成就感。時隔數十年，但那位充員戰士堅毅勇敢、技術純熟，充滿自信的身影，依然留存在我的心中！在往後的各種職務歷練裡，我都會不斷提醒自己：「資深資淺不是問題，有心無心、肯做不肯做，才是重點。」

● 勇闖天關～第二天（七月三日）：艱險山地行軍

這是最艱難、最困苦、也最危險的一天。

◎野營訓練北大武山案，五十一期學生部隊通過險峻山徑。

截至今天，我還是無法理解：當年我們將一個未經專業訓練、總人數多達五百餘人的營級部隊拉上高山，沿著登山隊都要小心翼翼才

敢攀爬的崎嶇山路，進行一個大規模的戰術行軍，是否明智？畢竟我們只是訓練，而不是迦太基名將漢尼拔（Hannibal Barca），要穿越阿爾卑斯山，去突襲羅馬人。但我不能不佩服當年規劃及裁決此案的各級長官，他們勇敢面對敵軍訓練日益精良、戰力快速增長的現實，從嚴、從難、從險執行演訓的意志和決心，絕對貫徹命令、誓死達成任務的旺盛企圖，都不是我們這些後生小輩所敢企及的。當然，有人回顧全案的過程，下了一個結論：「上帝保佑！校長鴻福齊天，總教官官運奇佳。」但正如醫務所檢討所言：「此次演習中，沒有蟲蛇咬傷及重大外傷，實屬意外。」五十一期全期學生沒有傷損走完全程，是一個不爭的事實，突顯長官信任部屬、學生，學生相信長官會做最佳的準備與安排，全體同學更自信必定能夠達成任務，這個例證也說明了：面對艱難困苦，堅韌的精神、意志，以及充分的準備，常可致勝。這個例證，較諸後來國軍部分高層規定，何種氣溫和濕度下停止室外課的作法，大相逕庭，然其為增長戰力，不惜賭上個人前途的膽識和魄力，真是令人敬佩啊。

話說這艱苦的一天：部隊早上五時即開始，迅速撤收營帳、清理宿營地、用餐與集合整頓，並下達

◎野營訓練北大武山案，正五十一期學生部隊攀沿保險繩，成一路小心翼翼通過險峻山徑。

行軍命令。七時整，各連以尖兵連態勢，完成行軍部署，按七、八、九、十、六連的順序出發，每連時隔五分鐘，沿泰武 - 北大武山口向瑪家村搜索前進。中午，在北大武山口用餐（此為中小型車輛所能到達的最後位置，之後，部隊只能吃口糧），稍作休息，即進入全程最困難重重的山地行軍之旅，也是讓人終身難忘的一段過程。

北大武山標高 3,090 公尺，係南臺灣最高的山峰，其登山口標高 1,703 公尺，在此之前的山路，雖然狹窄，但路況尚稱良好。一過登山口，則到處掛滿登山隊五顏六色的路標，顯示路況的複雜與艱險。果不其然，此去大部分的路寬，僅容一人通行，崇山峻嶺、懸崖峭壁，叢林密布，舉步維艱，險象環生。所幸總教官暨李組長均為突擊隊出身，經驗豐富，早在演習前，即於危險地段打樁拉保險繩、設警戒線，總教官且明令：在北大武山口至瑪家村段行軍，以「二夾十二」編組型態前進（即連、排指導官和連隊幹部，兩倆中間夾護十二員學生），亦即整組人皆在幹部視線之內，俾利照顧。事實證明相關防險作為的確發揮很大作用。此期間，曾有某位同學（姑隱其名）在途中一腳踩空，險墜深谷，而被緊隨在後的總教官，一個箭步趨前，握住斜揹的槍管，連槍帶人一把向上撈起救回，據目擊者宣稱，當時情況千鈞一髮，極為驚險，所有在場者無不捏了一把冷汗。這個經驗也說明：只要安全作為周全，演習的危險因素是可以降到最低的程度。

按照原訂計畫，最後一個連（第六連）應該於下午十八時前進入瑪家國小宿營地。不料因氣候炎熱，學生前一日睡眠不足，泰武到北大武山口段的行軍，已有多人體力不支或中暑（據個人紀錄：入山前有二十四人被總教官強迫上車，以免拖累部隊行軍，但其中多人溜下車，仍加入行軍行列），致延宕入山時間，加以學八連走錯岔路，

雖經規正引導回到原來路線，已經擔誤很多時間，更使該連後面所有部隊的行動都受到影響，而未能於入夜前脫離山區，遭遇天黑路艱又無照明之困難，簡直是寸步難行、步步驚魂。先頭連（學七連）遲至十八時三十分才出瑪家山口，四十五分進入宿營地。而最後一個連和殿後的示範部隊抵達瑪家村，已經是深夜二十二時三十分。

示範部隊殿後，原是奉命撤收錨釘和安全繩，但在那種狀況下，當然是以人員安全為先、空手出山。據殿後的教官告訴我：那條原僅容一人通過的登山小路，在大部隊通過後，有些僅剩一半寬度，加上天黑照明不足，最後一批人幾乎是側身攀繩而行，稍為不慎，就可能失足墜入深谷，真可謂每一步都如履薄冰。多年來，我一想到北大武山，就會想到那條山間小路，恐怕已經陷落不復存在，而那些設置在山路上的器材，大概已經爛掉鏽光了吧！

本段行程，除了吃苦耐勞的精神，受到讚揚，更值得肯定的，是部隊紀律嚴明。據《黃埔報》隨行記者貼身觀察報導：「D+1日夜間十時半，後衛連才抵達宿營區 - 瑪家國小，平日難見人蹤的山地村，在驟增六、七百人後，依然是如常般的寧

◎野營訓練北大武山案，正五十一期學生部隊攀沿保險繩，成一路小心翼翼通過險峻山徑。

鳳山黃埔舊事

靜。軍紀良好的五十一期同學，在漆黑的夜裡，默默整理裝備，迅速的完成紮營工作。」這段觀察，讓人想起《孫子兵法》的一段話：「視卒如嬰兒，故可與之赴深谿；視卒如愛子，故可與之俱死。厚而不能使，愛而不能令，亂而不能治，譬若驕子，不可用也。」沒有平時嚴格的生活管理與教育訓練，怎麼可能有嚴肅的軍紀？

　　校長許歷農中將由政戰副主任冉上校陪同，冒酷暑於當日下午十五時自學校出發，十七時抵達瑪家國小宿營地，副總教官時上校帶著我在場恭迎，並由我向校長實施簡報。（註：因為對路線較熟悉，個人當天奉命帶領車隊下山，繞過山區馳往瑪家村，在那裡恭迎先後抵達的副總教官和校長）我們原安排校長在國小辦公室休息等候，部隊完成集結，再恭請校長慰勉學生。但校長在瞭解部隊行程延宕之後，掛心學生安危，遂在天色逐漸昏暗之狀況下，率相關人等，越過山澗與峭壁，深入瑪家山區危險的大斜坡，本擬繼續往上攀爬，嗣經特戰部隊出身的冉副主任勸阻，遂在斜坡絕壁前（距離出山口已逾半小時路程）迎接學生。概於十八時許，與先頭連會合。「校長來看我們，就在前面！」的消息，順向傳遞，使原本沉寂幽暗的山路，頓時騷動活絡起來，官師生兵士氣大振。許先生忍著飢餓、蚊蟲叮咬及蛇蚋的威脅，耐心等候，陪同最後一個下大斜坡的勤務士兵，走完最艱苦的一段山路到瑪家。此時，沿途已經可以清晰聽見山區動物運動和鳴叫的聲音。

　　進入宿營區後，校長逐一到各連營地慰問同學，嘉勉他們吃苦耐勞的表現，且與學生們共進已經比霄夜還晚的晚餐（冷便當），深夜二十三時整，才在全體官師生兵熱情的「校長再見」聲中下山返校。「指揮官親臨戰場」與支援火力、預備隊，同列為戰場上決戰致勝的三大法寶，這不正是最佳的例證嗎！

本案在淳樸的瑪家山地部落，有一段感人的插曲。二十幾位天真活潑的原住民孩子，在瑪家出山口，從晚間八點至十一點，不停的唱著「歡迎歌」等山地兒歌，夾道歡迎下山的同學們，使得大夥既驚訝又感動，此行能對原住民同胞有了更深一層的認識，也算是意外的收穫了！個人任職步校校長時，學務處長是瑪家村排灣族的林明仁上校，曾安排瑪家鄉的文化藝術團隊到校表演，部份團員概在三十至四十歲之間，我想他們應該有人也在當天的歡迎獻唱之列吧。人生的機緣如此巧合，令人驚嘆。

◎校長許歷農中將視導五十一期野營訓練「北大武山案」，涉險進入屏東瑪家山區親迎學生部隊，與副總教官時作新上校（左）、戰術組組長李承山上校（右）在大斜坡瀑布前暫歇時合影。

● 天候考驗～第三天（七月四日）：戰術行軍

這是令人意外又充滿考驗的一天。

在這一天演訓之前，我一直認為：地形是部隊執行任務的大敵。漢代衛青、霍去病遠涉無垠荒漠，掃蕩匈奴。漢尼拔跨越險峻的阿爾卑斯山，奇襲羅馬。他們都是克服艱困的地形，出敵意表，立下不世功勳，青史留名。但經過這一天的經驗，讓我認清，天候才是人類最大的威脅。在「莫拉克風災」之前的三十年，我就已經有了這種認知，「天地不仁，以萬物為芻狗。」真是一點也不假啊！更對步兵部隊「天候不限，地形任縱橫，決戰求制勝，步兵為主兵」的豪氣，充滿敬意。

　　經過艱苦危險的山地行軍，一般認為最苦的行程已經結束了，往後就會下山進入平地，應該會較為輕鬆吧，其實，包括筆者在內的很多官生都是這麼想的，前兩天那種戰戰兢兢的心情，頓時鬆懈下來。沒有想到：從瑪家村彎蜒的道路下山，在水門步入平地，大家都鬆了一口氣。沒有料到這段水門到里港的路程，才真正是想像不到的噩夢呢。

　　因為前一日部隊太晚休息，故本日行動稍為後延，上午完成整頓及復原後，於上午八時，依八、九、十、六、七連的順序，以尖兵連態勢出發，各連同樣時隔五分鐘。在瑪家至水門間的行程，雖係山路，但為下坡，且係柏油路面，路況良好，與前一天的情形幾有天壤之別，因此部隊行進速度正常，同學們的步履也輕快許多。中午如期抵達水門內埔農工職校，實施大休息及用餐。此期間，校部通報：中央氣象局發布颱風警報，提醒演習部隊有所因應。總教官暨李組長綜合研判：依照颱風行進路徑及速度，對演習部隊之影響不大，決定照原計畫繼續演訓，僅對一些應變措施做了指導。

　　因為颱風迫近，南臺灣氣壓低沉，炎陽高照，氣溫陡升。學生部隊於下午十四時依原行軍序列出發，為配合後續的戰鬥課目演練，避免相互干擾，每個連時隔拉長為十分鐘。嗣後，各連沿著隘寮溪南岸堤防下的道路，以連搜索態勢，向里港方向搜索前進，沿途並由假設敵誘導，演練河堤、果園、村落搜索及反伏擊等戰鬥課目。此期間，由於颱風環流影響，隘寮溪兩岸晴空萬里，加以堤岸阻隔，樹木、長草文風不動，根本沒有一點點風。學生們全付武裝，走在景觀單調，熱浪蒸騰，連柏油都融化、毫無遮蔭的堤下道路，且狀況處置時，要奔跑搶佔地形要點，伏進進入射擊位置，操作各項激烈的戰鬥動作，

幾乎所有官師生均渾身溼透，體力嚴重透支，看著綿亙前延似乎沒有盡頭的河堤，那種絕望和痛苦的感覺，不是當事人是很難體會的。

◎正五十一期野營行軍訓練，戰術行軍經過荖濃溪堤岸（資料來源：陸軍官校正五十一期同學會專輯）。

烈日當空，五十一期的孩子們在隘寮溪南岸躍進，演練反伏擊或搜捕殘敵。惡劣的天候、激烈的戰鬥動作，造成部份學生體力不支中暑、休克或掉隊。根據我的紀錄：中暑或熱衰竭者，共計十六位，其中以學六連、學十連各有六人較多。且學十連於香蕉園附近演練反伏擊時，空包彈槍聲四起，指揮及射擊口令、衝鋒前進的哨音，此起彼落，驚嚇到附近的牛群，扯斷繩繩，四處狂奔，踩傷時正臥倒在地學十連學生胡建國的小腿，這是演習狀況外的插曲，所幸傷勢並不嚴重，引起一場虛驚。

在這個訓練中，尤其是今天這種惡劣天候之下，醫務組所有人員，在總教官和李組長率領下，對於休克、中暑、受傷人員，實施急救、

鳳山黃埔舊事

診斷，勞苦備至，發揮最大作用，其中曾對一位休克的蕭姓同學進行CPR（心肺復甦術）長達半個小時，直到恢復意識，才快速轉送附近的龍泉榮民醫院繼續治療。據連指導官回報：若非那位醫官在現場鍥而不捨的急救行動，那位同學的病況將不堪設想。李組長也曾在事後形容：「那孩子是從鬼門關搶救回來的！」正是這些無名英雄的努力以赴，終能確保官生兵安全與健康，在沒有任何遺憾的狀況下，圓滿達成任務。但事後聽說，其中一位隨隊的資深醫官，在演習結束即打報告退伍，真希望不是北大武山野營訓練案的醫護狀況與壓力，使他萌生退意。

◎官校五十一期野營訓練，學生部隊於休息後之出發前做個人攜行裝備檢查。

當天的路程較遠，持續實施夜行軍，直到二十一時才進入宿營地：里港國小。為了鼓舞士氣，總教官特別集合全營唱軍歌，各連重唱「黃埔戰歌」和「黃埔校歌」。歷經今天驚險艱辛的場景，同學們腳步依然雄健有力，歌聲響徹雲霄，在屏東蔚藍的夜空裡，特別讓人慷慨激昂與感動。此外，今天下午因身體不適送急診或在榮民醫院留觀的同學，入夜後都趕回各連歸建，其志可嘉。我想：同學們的鬥志和信心，並沒有因為今天的各種考驗，而遭受頓挫，反而激發其高昂的鬥志與榮譽心。這是一個有戰力、可以打仗的部隊！

● 不同挑戰～第四天（七月五日）：道路搜索

今天的演習狀況，是「殘敵繼續向旗鳳公路以西、旗楠公路以南地區流竄，並襲擾阻礙該二道路之暢通。」因此，道路搜索成了今天的重頭戲。但大家都知道，這兩條公路交通頻繁、往來車輛極多，加以沙石車橫行霸道、惡名昭彰，經常發生重大傷亡車禍。是以正當大家慶幸終於平安走出山區時，又開始煩惱如何在繁忙、複雜的平地公路上，讓學生能夠安全地行軍並演練搜索課目，不同的挑戰又來了！

早上七時〇五分，部隊調整部署，依照九、十、六、七、八連的順序出發，由里港經嶺口、鳳山厝，向嘉誠村方向搜索前進。橫越隘寮溪時，因往來之沙石車極多，且車速很快，煙塵迷漫，空氣品質甚差。從里港大橋、百世橋北側，準備轉入旗鳳公路，因交通安全顧慮大增，總教官與李組長均先行到達嶺口的重要路口，親自指導派遣交通管制人員，狀況緊急時，總教官還躬親在馬路中央吹哨子、指揮交通呢。司機大哥眼見一位汗流浹背的少將，手持交管棒在馬路中央賣力指揮，恐怕也不得不放慢車速、禮讓學生部隊吧。這一場景，讓我想起美國電影「巴頓」中，二戰盟軍反攻歐陸時，巴頓將軍站在十字

路口，以指揮棒引導戰車通過的英姿。自古以來，執行重大任務時，指揮官親臨第一線，常是制勝的關鍵。

◎陸官正五十一期野營訓練時，學生部隊徒涉經過溪流。

　　中午的大休息，原訂於嶺口國小，嗣後考慮交通動線及其他因素，改至深水「仁愛之家」（高雄市立養老院）。部隊進入院內，軍紀嚴明，秩序井然，贏得院內長輩們的讚揚，並有多位老先生、老太太買汽水及果汁慰問演習部隊。同學們離開休息區時，主動指派公差打掃仁愛之家，讓整個院區比原本的情況更整潔，也給所有院民長輩們留下深刻的良好印象。

　　下午繼續行軍，在入夜前，各連陸續進入嘉誠國小宿營地。完成設營後，即分配夜間射擊位置並預習進入陣地的動作，加強夜間反突擊及襲擾的準備。晚上就寢後，由指導官率領十餘名假設敵，對各連

營地實施摸哨和襲擾，一時之間，槍聲大作，幹部按夜間戰鬥要領，以夜戰指揮連絡記號，引導學生們演練反夜襲戰鬥，各種處置雖然並未達到純熟精練的要求，但同學們在數日長途疲憊的行軍之後，仍然能夠有模有樣、快速反應，已經是難能可貴了。因為離學校越來越近，且已進入熟悉的訓練和生活場域，總教官與李組長特別注意人員管制和夜間紀律的維護，以免最後階段有所閃失。

◎陸軍官校正五十一期學生野營戰鬥教練，行軍間於路旁休息（資料來源：陸軍官校正五十一期同學會專輯）。

● 夜間行軍～第五天（七月六日）：地區搜索、踏上歸途

經過四天四夜的演習，終於踏上歸途。但最後一天，路程雖短，卻是演練課目最多的一天，由行軍為主改為以戰鬥教練為主，體力的消耗變成次要，指揮掌握及陣中六項要務的確實與否，成了要求的重點。這種狀況下，學生的壓力大，教官的負擔也不輕。有人偷偷向我

這個承辦人反應：演習已到尾聲，是不是可以讓大家稍微輕鬆一點？經我「含蓄」的向總教官和李組長請示，果不出所料，他們的回應是：「絕對不行！行百里者半九十，一切照計畫實施，照表操課。更何況既定規劃，山地行軍是練膽、練心、練力，而今天的地區搜索和夜間行軍，則是練技和練指揮，是本階段訓練的重點，怎可放鬆！」歷經數十年的軍旅生涯，我經常想起這件事，體會到教育訓練的成敗，不僅要有周全的計畫與準備，更重要的，其實還在主事者的決心和執行力啊！主官想混、虎頭蛇尾，應付了事，基層怎麼可能會有堅實的訓練？沒有堅實的訓練，怎麼會有戰力？指揮官有決心和毅力，抵擋鄉愿的心理，才能貫徹初志。「主官決定一切」絕對不是一句口號。

今天部隊早早就起床、撤營和用早餐，並且全體動員，將嘉誠國小打掃得乾乾淨淨，所有運動場的設施均歸定位。嗣後，將行軍序列拉出來，由學十連先發，於上午七時十分，通過嘉誠路十字路口出發點，各連時隔拉長為二十分鐘，以免操演時形成部隊交叉現象。行軍路線是沿嘉誠村 - 甘宅巷 - 坑內村 - 菠蘿山 - 家屋高地，向大樹方向搜索前進。

大樹坑內村到龍目村一帶，是官校和陸戰隊傳統的戰鬥教練場地。該地區丘陵地形起伏、草木茂密、家屋錯落，非常適合演練陣中六項要務。但這個地區也是臺灣芒果、龍眼、玉荷包荔枝和金鑽鳳梨的最大產地。因此，在此附近實施戰鬥教練，農作物損壞與失竊，最容易引發軍民糾紛，也對軍紀的維護形成挑戰。本次演習，除兩員工兵連假設敵邱姓和賴姓士兵在埋設 TNT 時，不慎破壞農民之鳳梨苗外，官生均能愛惜百姓的莊稼、農作物，確實做到不拿一針一線、秋毫無犯之要求。由此可見部隊紀律之維護，必須在平常生活管理、教育訓練

中逐漸養成，在實際戰鬥和操演時加以體現，由外而內型塑，絕非一蹴可幾。

　　中午，部隊在三和村大休息並用餐。這裡是步兵學校步兵排戰鬥射擊與反裝甲武器實彈射擊的場地，軍民關係融洽。但演習部隊絲毫不敢大意，嚴令官師生兵不得進入民宅或干擾百姓，更禁止向小販購買東西，學生們中規中矩，顯現軍官學生的風範，也贏得當地民眾的肯定。

◎陸軍官校學生戰鬥教練：步兵班搜索（資料來源：軍聞社）。

　　午後，由三和村繼續向小坪頂水源地搜索前進，抵達晚間大休息區已經接近黃昏。除用餐和整頓外，為因應校部明日（七月七日）於中正堂由校長親自主持的總檢討會，演習部隊由連到營，運用有限的時間，逐級實施檢討與講評，並彙整報告資料。由於演習全程每天都有階段性的檢討，因此執行該一工作無需花費太多工夫。而筆者負責

的總檢討報告，更早經李組長審閱完畢並送回文卷室打印。

大休息完，後續的夜行軍路線，係沿仁美 - 後庄向鳳山方向行進，此一路段全是人煙稠密、交通繁忙的地區，我們雖然刻意避開下班時間，但大部隊行軍仍有安全顧慮。因此，總教官為了確保夜間整體人車安全，乃以「解除搜索任務，以連為單位，將部隊收攏，依原時隔繼續夜行軍」，狀況誘導部隊置重點於安全與紀律。入夜後，十九時各學生連通過水源地大門口出發點，在周全的交通管制和互助編組狀況下，靜肅祕密踏上歸途，沿路但聞沙沙沙快速前進的腳步聲，未見其他聲響。

二十一時三十分至二十二時十分，五十一期演習部隊陸續抵達黃埔路。各連稍作人員、裝備清點，整理服儀，即按照行軍序列，以嚴整壯盛的軍容，唱歌答數進入校門，歌聲嘹亮、精神飽滿，受到學指部官生英雄式的歡迎，場面十分感人。

● 前事不忘，後事之師～第六天（七月七日）：總檢討會

演習結束翌日，也是「七七抗戰盧溝橋事變」四十二周年紀念日。上午九時，校部一級主官（管）、軍訓部、學指部全體教隊職官以及所有參與本次演習的官兵、學生，齊聚中正堂，召開總檢討會，由校長許歷農中將親自主持。

檢討會先由營連綜合檢討，然後由教務處、醫務所和軍訓部做報告，最後由李組長、總教官指導，校長作總講評。各單位都做了深入而坦誠的檢討，尤其對幹部經驗、訓練不足，批評最多。指導與講評，在肯定中仍對軍紀、士氣、體能及幹部教育，有坦誠、剴切的檢討與期許。

總教官對各部隊的總評，深切檢討批評，但仍然不忘給各連打氣，他說：「本次野營訓練，官生兵大部分均能以信心和毅力貫徹全程，以『全軍破敵』達成總司令暨校長要求的訓練目標，瑕不掩瑜，值得鼓勵！」、「訓練全程中，部隊掌握及士氣最好的為第七連，其次為第六連；對學生照顧，則以第九連最佳，值得各連相互觀摩學習。」

　　校長最後的總結，首先重申演習的目的，肯定王指揮官（兼總教官）及官生兵的努力，認為本次演習非常成功，「在軍事、體力、意志、精神教育上，都是一個成功的教育。」並對計畫與準備、管制和考核等方面做了指導，他特別指出：「防險和醫護措施做的很好，總教官及李組長所受突擊訓練，運用在此次山地行軍防險設置上，確實發揮了高度的效果，值得借鏡和肯定。」且要求檢討考核首重是非功過，優點須加以表揚，缺點應加改進。

　　演習正式劃下句點，而總檢討會中有兩段話，多年來一直縈繞在我心中，無法忘懷，就提出來為本文劃下圓滿的句點吧！

　　一位學六連的同學說：「只要順利通過這次訓練的考驗，以後軍旅生涯的任何困難險阻，都不會使我產生畏懼。」時隔四十餘年，五十一期的同學們都已經解甲歸田，退伍殆盡。我不知道北大武山艱險的訓練，是否曾給他們的軍旅事業帶來正面的影響，但深信必然是刻骨銘心、終身難忘。

　　另一句話是許校長說的：「我們心中須有一個信念：『沒有走不完的路，這表示毅力；沒有克服不了的困難，這是信心。』困難之克服與否，完全存乎一心。」是啊！風雨生信心，困難險阻培養勇氣和擔當。我無法了解當時年少的「北大武山英雄」們聽進去了多少，但做為全案的承辦教官，我一句一句做了紀錄，除了留存在校史的文書

鳳山黃埔舊事

裡，也深深刻在個人心版上，它在我人生陷落的日子裡，陪著走過那些艱苦的歲月。就黃埔教育的歷史長河言，北大武山野營訓練案，是一個傳奇的故事。而就個人軍旅生涯言，它已經不僅僅是一個訓練案，更是自己生命裡永難忘懷的記憶和錘鍊。

◎《黃埔報》刊登校長許中將冒酷暑、艱險，慰問官校五十一期「北大武山」夏季野營行軍訓練的官師生兵。

◎《黃埔報》刊登官校五十一期「北大武山」夏季野營行軍訓練圓滿成功。

◎作者前往探望許歷農校長時合影。

● 後記

　　北大武山野營訓練案,距今將近四十餘年。老長官許校長已逾期頤,王宗炎將軍逾髦耋之年,在去(112)年仙逝,李承山組長也已九十六高齡。北大武山英雄,都已退伍歸鄉。緬懷當年的情境,不禁感慨繫之,是為之記,雪泥鴻爪,何曾留痕。

◎艱險困難的訓練,是錘鍊堅強意志、豐沛戰力的不二法門,而發揮黃埔傳統精神,絕對服從命令、誓死達成任務,則乃最大的動力。

二、官校禁閉室憶往

　　民國一○二年（2013）七月，裝甲五四二旅下士洪仲丘，因犯錯被關進機步二六九旅的禁閉室，在體能訓練中中暑死亡，引發社會嚴厲抨擊，重創國軍形象，輿論對禁閉室的執行與做法討論甚多，在重大的輿論壓力下，國防部不僅廢除了禁閉室，竟連事關重大的軍法審檢體系，也一併被廢止，引發軍隊管理暨法紀維護諸多的後遺症，民粹衝動下的決策，如今不知如何善了。

◎陸官校校園黃埔湖。

　　個人認為禁閉制度的設計並沒有問題，可以在送法辦與行政處罰之間，保留緩衝空間，問題在於執行者缺乏「心中仁，行中義」（《司馬法‧嚴位第四》）的胸懷，相關作為偏離制度原本設定的目的所致。因此，如果不能掌握核心關鍵因素，針對本質去解決問題，而只是隨波逐流，甚至討好民粹，則治絲益棼，很難避免陷入父子騎驢的困局。

在個人軍旅生涯中，擔任領導幹部多年，曾有多件處理士兵或學生禁閉懲罰的經驗，其中有一件即是發生在官校。往事歷歷，謹此提出供後期學弟妹參考，希望有助於防範類似「洪案」悲劇的發生。

◎學生部隊參加學校重要慶典，作者為典禮指揮官。

● 指揮官也該關禁閉

民國八十六年（1997）七月，個人時任陸軍官校學生部隊指揮官。有一天，體育組長蕭松彩上校匆匆忙忙到雨農樓來，告訴我：即將畢業的某期學生，被查獲考試集體作弊，有十六個人期末游泳測驗時，找人代考。我在震驚之餘，毫不猶豫地決定面對問題，便邀蕭組長一起去面報履新不到一個月的丁渝洲校長，他聽完報告，在痛心、惋惜的狀況下，給了我非常明確的指導：「依照校規儘速處理」。

鳳山黃埔舊事

　　依照榮譽制度和校規，考試作弊唯一的處分是開除學籍，這是連玉皇大帝都救不了的天條。於是當天學生榮譽法庭立即啟動了相關審查機制，請人代考與代考者，總計人數多達三十幾位，因為人數眾多，審查過程，對於榮譽委員和作弊學生都是一種煎熬。審後判決：代考者尚未進行測驗，在檢查證件時即自首，屬於未遂，予以留校察看；請人代考者屬已遂，唯有開除，開除的學生由禁閉室看管，明日即請家長來校帶回。

◎志清樓是學生教學大樓，為官校教育最核心的場域，也是貫徹學生榮譽制度最重要的地方。

　　傍晚，我以愧疚、落寞的心情，親自帶著這十幾位懊悔、沮喪又疲憊的學生，到黃埔湖畔東營區的禁閉室報到。在理髮阿姨為他們剃三分頭前，我特別在禁閉室的中庭集合講話。個人首先為自己教導不力，導致他們犯錯而被開除，表示歉疚；其次，強調榮譽制度和校規之前，人人平等，凡違反者，毫無例外，必須接受同樣的處分，我任

職兩年多以來，所有類案都是如此處理，已經形成全校官師生堅不可摧的共識。他們在畢業前被迫離校，是國家、國軍、家庭和個人無可彌補的損失，自校長以下，皆感惋惜與不捨，但學校面對法制與核心價值，別無選擇，希望大家諒解。最後，期勉他們：人非聖賢，孰能無過？同學們都很年輕，未來的路都很長，應該從那裡跌倒，就要從那裡爬起來，沒有頹唐喪志的權利。

剃完頭，學生們拎著簡單行囊，魚貫進入鐵門內的和室通舖，我也帶著一條毛巾被和一本《泰戈爾詩集》，隨後進入室內。戒護士官一臉狐疑的看著我，問道：「報告指揮官：你今晚也要留在這裡嗎？」我點點頭，回答他：「教導無方，以致那麼多學生犯錯被開除，指揮官也該關禁閉，你把鐵門關上吧！」當鐵門噠然闔上，學生們驚訝的發現，指揮官已經跟他們一起關在禁閉室裡了。相對無言，但行為語言告訴我，孩子們瞭解它的涵義。

同學們在歷經一天緊張、忙碌而沮喪的調查過程後，排排躺在通舖，不到片刻便陸續沉睡入夢，鼾聲此起彼落。我裹著毛巾被，和衣坐在鐵門內側的小燈下，翻閱泰戈爾的〈橫渡集〉，內心思潮澎湃，輾轉反側難以成眠。想到這些日夜相處的學生，畢業在即，卻發生這麼重大的劇變，情何以堪？未來前程如何鼓起勇氣應變？今夜我跟這些犯錯的學生們關在一起，也必須深刻而謙卑地反省，自己在這件事情所犯的過失，思考如何幫助他們在走出禁閉室後重新站起來，並且防範類案再生。

翌日清晨，同學們仍在沉睡，我已悄悄離開禁閉室，回到北營區巡視學生連隊早點名和晨讀。在走出禁閉室時，室長告訴我：昨晚深夜，副校長林肇成將軍來過了，他探頭看見我在禁閉室內，一句話也

沒說，便騎著腳踏車悄悄地走了，我想丁校長暨校部的長官們，恐怕也都是夜不成寐吧。

◎陸官校學生部隊軍事訓練實施行前精神動員與戰備檢查。

● 這件禁閉室往事的啟示：

一次開除十六個即將畢業的官校生，離校前指揮官陪同關禁閉，確實是禁閉室一大遺憾。我想說的是：禁閉不僅是一種懲戒，更是一種教育。被關禁閉的對象是我們的同袍，不是歹徒，更非敵人。目的是希望他們能改過遷善，而不是就此將渠等推向壞人的行列。

做為一個領導者，面對部屬犯錯，除了依法處理，更須虛心而誠懇地自省，我們在各方面是否有所不足？！畢竟，當你伸出一根指頭指責別人，另外四根指頭卻是指向自己啊！

三、藏在校園裡的精神標誌

在世界各著名的軍校，都樹立著先賢先烈，或與學校息息相關的人物塑像，藉以表彰其事功，讓在校生見賢思齊，效法典型。母校校園除了校舍以中國名將、先烈先賢命名，更在醒目顯眼的地點，樹立名將或重要紀念物件，發揮精神教育的境教效應。

首先，是本校創辦人國父孫中山先生的大型銅像，據知一共有兩座，均採坐姿。一座位於校史館入門大廳，係孫中山先生獨自端坐的姿勢；另一座則坐落於中正堂，造形係當年陳炯明叛變，國父登上永豐艦，首任校長先總統蔣中正千里赴難，隨侍在側的圖像。後者是民國七十九年（1990）新建中正堂完工後，塑造安置於中正堂前廳，底座為白玉石，上嵌黑色大理石銘刻國父手書「黃埔軍官學校訓詞」。官校每一期班的畢業生離校前，都必須在此重溫創辦人的遺訓，宣示勿忘「親愛精誠」校訓與「犧牲、團結、負責」黃埔精神。告別創辦人暨首任校長，此去，矢志效忠國家、愛護人民。

◎校史館大廳的本校創辦人國父孫中山先生塑像。

其次，本校有三座創校首任校長先總統蔣中正的大型銅像，一座為坐姿，另兩座為戎裝策馬雄姿。這三座銅像分別安置在校本部、志清樓和舊稱中興崗的黃埔公園。

校本部的蔣公銅像身著中山裝端坐，慈藹微笑，底座嵌有親愛精誠校訓。該銅像係民國七十一年（1982）六月十六日母校五十八週年校慶時，由二十二期在臺學長們集資塑造捐獻，斯時的校長，恰好是二十二期的盧光義中將，落成安座典禮，在校慶當天早上，莊嚴隆重。該一位置，原為一座較小的蔣公半身塑像，係民國四十五年（1956）十月三十一日，當時的陸軍總司令黃杰上將為慶祝蔣公七十大壽，致贈本校，已另移他處（這座銅像也是本校第一座人物銅像）。

第二座蔣公塑像，係民國六十三年（1974）為慶祝建校五十周年所樹立，戎裝策馬，左手執馬韁，右手按劍，坐騎右腳抬起，馬首下壓，蓄勢待發，英姿勃勃。看其風格，應與三多路圓環之蔣公銅像，同

◎陸官校本部前方的創校首任校長先總統 蔣公銅像。

◎官校舊中正堂與蔣公策馬銅像中正堂改建，該一塑像遷至黃埔公園。

227

為名雕刻家蒲添生（名畫家陳澄波女婿）之傑作。該銅像原樹立於舊有中正堂前，民國七十七年（1988）中正堂改建，被遷移至黃埔公園，與黃埔先烈塔遙遙相望。

　　第三座蔣公銅像，位於志清樓教學大樓。志清樓所在，原係黃埔俱樂部，嗣經拆除改建。該銅像為民國六十年（1971）時，由留日藝術家蒲添生以北伐誓師歷史形象塑造。原座落高雄市三多路與凱旋路路口圓環，嗣因道路拓寬等因素，轉贈本校，於民國八十三年六月七日清晨運送到校，由當時的校長馬登鶴中將親自主持安座典禮。銅像風格與黃埔公園那尊相似，也是戎裝策馬，因完成時間較早，應為原型。二者不同之處，在於本尊右手執馬韁，左手握指揮刀，座騎左腳

◎早年舊中正堂暨蔣公銅像。

◎中正堂改建，蔣公銅像遷至黃埔公園。

◎志清樓前的本校首任校長先總統蔣公塑像。

◎志清樓前的先總統蔣公策馬銅像。

◎志清樓前的本校首任校長先總統將公塑像。

抬起，其餘概同。這座銅像有很多靈異傳說，譬如：當年在官校服役的士官兵，曾目睹蔣公騎著馬的黑影，經過黃埔湖到覺民樓，再到以前的勤指部⋯⋯然後就沒聲音跟黑影，⋯⋯。也有人聽過那匹馬累了會換腳的傳說。筆者留校多年，沒有聽聞此類傳說，至於銅像馬會換腳，恐怕是短時間看到志清樓和黃埔公園的銅像，一左一右產生的幻覺吧！

再者，官校有三座中國歷史名將，同時也是民族英雄的銅像，是同一時期的作品，且為同一位雕塑家的傑作。完成後，同在民國五十八年三月二十九日，為慶祝青年節暨校運會開幕而樹立，由第八任校長張立夫中將主持揭幕典禮，旨在勉勵所有官師生兵效法前賢，精忠報國。

當年，張良這位漢代開國功臣的塑像，原座落黃埔俱樂部前，那是學生社團活動和休閒的場域，學校期望學子效法其學識品德，成為文武兼備的現代化軍官，不言而喻。民國七十九年，因為俱樂部拆除，改建為志清樓，遷移至南營區司令臺後方。

◎此係民國58年所樹立的民族英雄張良銅像，後方為黃埔俱樂部，係兩層樓斜屋頂建築。（資料來源：黃埔校史館）

◎官校校園張良銅像，此係黃埔俱樂部改建為志清樓（教學大樓）後遷徙至南營區專指部大樓前。

◎民族英雄張良塑像最近情況。

◎此係民國58年所樹立之民族英雄岳飛銅像,位於覺民樓黃埔湖畔(資料來源:黃埔校史館)。

抗金英雄岳飛塑像,一直都樹立在黃埔湖畔,鄰近預備班所在和學生進出頻繁的覺民樓,其右手指向東營區的中央大道,大有「革命者來」的導引之意。抗倭英雄戚繼光塑像,現位於工程館入口,但筆者印象該一位置原安置「金門之熊」戰車,是以其原始位置究竟在何處,時遠不復記憶。

這三尊塑像的作者,是總教官室戰術組排連小組教官李元喜中校,李教官是工兵科,身材高大,個性低調隨和、沉默寡言,住在大寮的眷村,負責工事構築、爆破等專業課程,教學極為認真。據說李教官歷代祖傳雕塑工作,家學淵源,因此具有藝術天份。筆者任小教官時,親眼目睹李教官在沙盤教室(位於百韜樓東側的平房,改建志清樓時拆除),不用畫方格線、不必借助任何一件道具,單憑一枝掃把,邊看手持的地圖,邊揮動手中的掃帚,堆著沙盤地形。不費多時,原是一片平坦沙堆,在其靈巧堆砌下,道路縱橫,丘豁起伏,叢林阡陌分布,無不維妙維肖,令人嘆為觀止。

三尊塑像靜靜聳立在黃埔校園,已經超過五十餘年,個人建議將三位名將的偉大事蹟,鐫刻在基座上,並附上原始作者大名。讓每位在校生「口誦心惟」,確實發揮樹立典型、效法先賢的教育功能。

◎民族英雄戚繼光塑像現況，位於工程館入口處。

此外，在黃埔湖西北側小高地上聳立一座「黃埔先烈紀念塔」。此塔係民國四十二年間，由預備軍官第一期暨留美學生集訓隊學生，為感念母校栽培，共同捐款建造。塔身四周以抿石子浮雕，生動活潑刻劃黃埔創校、黃埔建軍以來東征、北伐、剿共、抗日和勘亂保衛臺澎金馬等重要革命史蹟。民國五十六年又於塔頂樹立無名英雄塑像乙座，紀念本校拋頭顱、灑熱血而未能青史留名的先期學長們，告慰其英靈。

◎此係民國58年所樹立之民族英雄戚繼光銅像，其當年位置時遠難以確認（資料來源：黃埔校史館）。

◎民族英雄岳飛塑像現況，位於黃埔湖畔，手指東營區。

　　早年，在先烈塔左側設立奔姿銅馬乙座，藉以激勵後期學弟妹「躍馬中原，光復河山」。因先烈塔紀念園區整建，該銅馬目前已經移置務實橋（原名「化龍橋」）東南側。先烈塔是官校的精神象徵，昭示著犧牲、團結、負責的黃埔精神。每逢青年節、軍人節，由校長親臨主持春秋重大祭典。各期班畢業前，也會率隊拾級而上，祭告先烈，做離校前的精神洗禮。此外，校旗隊也會定期前往祭拜，以示精神傳承。

　　移至務實橋的銅馬，被稱為「務實馬」，銅鑄空心，三足著地，以布裹馬腹，兩側裹布刻有日本徽章，顯示其為日據時代鑄造。其來源究屬何處，時遠不明。有人認為官校所在位置，本是日軍騎兵訓練基地，安置銅馬塑像，極為正常。也有認為是來自已經拆除的鳳山日本神社。最積極的要數雲林縣北斗鎮相關人士，他們舉官校與北斗日本神社銅馬舊照比對，認為官校原未磨去的馬鞍處有七顆星，星內有有個「北」字，判斷官校銅馬是由北斗神社流入，強力爭取歸還。

◎官校校園先烈塔步道。

◎官校校園黃埔先烈塔。

◎陸軍官校師生祭奠黃埔先烈，向先烈獻上最敬禮，也代表
著黃埔精神的傳承（資料來源：陸軍軍官學校臉書專頁）。

◎黃埔先烈塔一景。

◎從先烈塔遷徙至務實橋前的日據時代日本戰馬銅雕，師生習慣稱之為務實馬。

　　據筆者早年記憶，務實馬馬腹兩側裹布的確鑲有徽章，但印象裡是日本皇室的菊花家徽，遠看與北斗所提舊照，非常相近。抗戰勝利，臺灣重回祖國懷抱，拆除日本殖民帝國的神社，將其銅馬作為戰利品，移諸先烈塔西南側，告慰無數在抗日戰爭中犧牲的黃埔先烈英靈，也是非常可能的作法。臺灣光復已經超過七十八年，難道還要重建侵略者的神社嗎？這跟崇拜日本人八田與一同樣的荒謬。務實馬將可能存在的日本標誌磨去，其原始用意不得而知，但未能尊重歷史意義，無疑將減損銅馬文資價值，並產生來源等疑竇，令人遺憾。

◎從先烈塔遷徙至務實橋前的日據時代日本戰馬銅雕，師生習慣稱之為務實馬（資料來源：黃埔校史館）。

　　另外，在校門內側、黃埔廳後方，有一堵高聳的建築，有人稱之為「碑」，也有人叫它做「塔」。這座建築，是民國六十三年慶祝黃埔創校五十週年，校長秦祖熙中將特別敦聘本校二十九期校友、剛從美國普渡大學獲得工程學博士學位的吳東明學長，運用剪力牆的原理，設計這座豐碑，碑高五十公尺，並以「50務實」鑴刻在碑身，因此筆者學生時代都稱之為「務實碑」。本碑施工不易，在於其體積細長，不像華府的華盛頓紀念碑（Washington Monument），體量龐大，底層穩固，逐層往上疊加。民國七十三年，為慶祝六十週年校慶，重新整理務實碑，但碑身之銘刻修鑴為「親愛精誠」校訓，務實之名漸息。民國一〇四年為紀念抗戰勝利七十週年，特於碑身左側復鑴「務實」字樣，重現歷史意義，右側增鑴「忠誠」二字，凸顯陸軍軍風與本校核心價值。

◎陸軍官校五十週年校慶，秦祖熙校長聘請吳東明博士設計的務實塔。

　　總之，這些散置校園各處的精神標誌與塑像，是一種潛移默化的精神教育，激勵所有在校生要效法先烈先賢，奮發圖強，無負為黃埔子弟。美國各軍校要求入伍生要熟背校內先賢雕像的事蹟，踵武前賢用意至為明顯，值得母校學習。

四、黃埔勒石記

「一身傲骨承先烈碧血，萬卷詩書振黃埔精神。」

黃埔軍校創立之初，在校門門柱的楹聯，上聯是「陸官發財請往他處」，下聯是「貪生怕死勿入斯門」，橫批為「革命者來」，霸氣而震撼人心。這幅對聯在中國瀕臨危亡之際，號召無數熱血愛國青年，攜手投入救國救民的行列，為東征、北伐、剿共和抗戰，培養了千千萬萬捍衛國家民族的傲岸干城，奠定黃埔子弟在歷史上的不世勳名。

嗣後，在各時期的校園內，陸續揭櫫了「親愛精誠」校訓，「犧牲、團結、負責」黃埔精神，「主義，領袖、國家、責任、榮譽」五大信念，以及「不怕死，不貪財，愛國家，愛百姓」的精神指引，為各期畢業

238　　◎陸軍官校正六十四期畢業前贈送母校留念的勒石。

生的核心價值，樹立犧牲奮鬥的方向指標。甚至在舊餐廳內外，皆懸有對聯「一飯千金，將軍報德，同仇敵愾，壯士傳餐」、「一粥一飯，當思來處不易，半絲半縷，恆念物力維艱」、「蓬生麻中，不扶自直，白沙在涅，與之俱黑」，提醒所有官生要感恩惜福，牢記母校之教誨。

官校六十四期（84年班）同學，畢業時贈送母校一座勒石墨寶做為紀念。這座勒石樹立在黃埔湖畔、黃埔先烈紀念塔的南側，期勉所有黃埔子弟要緬懷先期學長拋頭顱、灑熱血的犧牲奮鬥精神，發揮威武不能屈、富貴不能淫、貧賤不能移的傲骨，使成有氣節、勇於承擔的革命軍人；也要不斷進修、樂在閱讀，培養自己的宏觀卓識，成為一個允文允武的現代化幹部。墨寶的內容，與圖書館原有楹聯「讀萬卷書行萬里路，學萬人敵立萬世功」前後呼應，強調知識的力量，但更彰顯承先繼志，重振黃埔精神的雄心壯志。

這塊勒石的銘鐫，六十四期畢業籌備委員會原本計劃用電腦字來刻。籌委會主委來報告此事，我與他們研討良久，特別給予建議：「這塊勒石非常有意義，期其留存千秋萬世，必須拜託名家書寫，更能增益其價值。」於是經由台中名作家胡幸枝大姊，轉託南投本土書畫大師李轂摩先生惠賜墨寶。大師概允成全，並在最快時間內寫好郵寄到鳳山。但李大師非常謙虛，認為在六十四期贈石題詞後署名，恐將喧賓奪主，所以字幅上並未署名，但行家一眼即可看出係出自李大師親筆所書。該一墨寶拓印銘刻後，原稿精緻裱褙裝框，與鄭有諒將軍的校歌墨寶，同樣懸之於雨農樓的會議室，有鼓舞來茲之用意。

一座勒石，無限深意，深值體會。今年（2024）六月十六日，為母校創校暨黃埔建軍百年紀念，特以此勒石之題詞為母校壽，祝福母校校運昌隆，國軍突破困境、日愈精實壯大，中華民國國祚綿延萬年！

恭祝母校八十六週年校慶

四十九年六月十六日

全體同學會員

浩然正氣

◎四十八期贈送母校之浩然正氣勒石，位於工程館與黃埔湖之間。

附錄　短評

一、淺談教育與訓練

　　新聞報導，今日立法院審查軍事教育條例修正案，國防部接受某立委質詢，談到教育與訓練的區別，業管單位主管吱唔其詞，語焉不詳，場面尷尬。個人憂心恐易造成國人誤解，以為國軍高階幹部都不懂軍事教育之印象。

　　個人不揣淺陋，謹就往昔在政戰學校政研所之研究，將「教育與訓練」之區別，及「軍事教育」之範疇臚列如後，提供國軍職司軍事教育同仁參考。教育與訓練之區別，從國內外學者專家所下定義，可以歸納為以下幾點：

　　第一、雖然教育與訓練，皆在經由某種歷程而學得某些事物，但教育所要達成者，皆為「社會所認可的」（socially desirable），具有「積極」或「正面」價值（positive value）的行為或學習；而訓練的結果，其社會價值則可「正」可「反」（negative）。

　　第二、就目的之性質而論，教育與訓練亦稍有不同，教育之目的，通常指的是較為「普遍」，較為「長遠」的鵠的，經由「水滴石穿」的工夫達到目標。而訓練的目標，則較為「特殊」或「具體」，亦較為近接短暫，講求「立竿見影」「迅速有效」。

　　第三、就其所擴及之範圍而言，訓練限於「局部」或「特定」的知識與技能之獲取，而教育則應顧及「全面」的或「整個」的陶冶。

第四、就學生在學習歷程中所應扮演的角色上，在訓練過程中，學習者通常是處於消極的、被動的地位。然而在教育的過程中，學習者所應扮演的卻是一種積極的、自動的參與。在方法上，訓練多半採用控制、灌輸、訓誡等方式。而教育所採用的方法，則是以開導、啟發或鼓勵等方式來發展學生的心智、陶冶其人格。

第五、訓練與教育另一重大區別，在於其所置的「重點」不同。訓練在於「求同」，而教育則在「存異」。訓練時通常是預先懸有或訂定一個固定甚或共同之標準或目標，而後盡其一切，以求此一目標之達成或實現。亦即訓練所重者，在於「與眾偕同」（groupconformity），而教育所貴者，則在「個別差異」，承認個別差異之存在，所以尊重學生的個性，講求「適性發展」，因材施教去發展學生特殊的潛能。

至於「軍事教育」，則有廣義和狹義等兩種意義。廣義的界說，它是一種融合哲學、科學、兵學的教育。而狹義的解釋，則與傳統兵學的領域相近，亦即指軍中戰略、戰術、領導統御……等項目的培育與訓練過程。

在國軍的教育與訓練體系，三軍官校、國防大學（下轄原本獨立的三軍大學、中正理工學院、國防管理學院、政治作戰學校）、國防醫學院、航技學院、中正幹部預備學校、陸軍專科學校等基礎養成教育、深造教育，概屬「教育」之範疇；而各兵科學校（現改稱「訓練中心」）為「在職教育」，其屬性究竟是教育還是訓練？則視班隊、訓期、課程內容等而定。至於駐地訓練、基地訓練、三軍聯訓、各種短期講習、證照班，已經是訓練領域，殆無疑義。

總之，教育和訓練有其區別，應予認知；但在執行層面上，仍有交叉重疊的部分，不宜拘泥字義界定或劃地自限。

二、建軍備戰的根本在教育

　　近期，滿眼世情囂囂，光怪陸離的事件層出不窮，內心那種深沉的失望和無奈，讓人黯然沈默。因此，沈默不代表贊同或默認現狀，它更可能是一種最深的抗議與不滿。金門的甲車出事了，憲訓中心新兵病逝了，……滿眼盡是軍隊的負面新聞，身為一個羈身軍旅四十幾年的退伍老兵，對此不可能完全無感。有人說：「不在其位，不謀其事」，離開了江湖，就不必再過問武林的是是非非吧！但打斷骨頭連著筋，以前的老同袍、昔日帶過的學生，還在軍中打滾，關心總是免不了的，提供點經驗淺見，就算是狗吠火車，也了無遺憾。

◎陸軍官校創校首任校長先總統蔣公重視軍校教育，親校黃埔子弟（資料來源：軍聞社）。

日昨在公車上邂逅往昔在某軍校共事過的老同事，他抱怨現任校長只重視表面的行政工作，學校各單位的經費，盡耗於斯，目前幾已用罄，很多真正的教務根本無法推動。我想：軍事教育如果這麼辦學，部隊不出事恐怕也很難吧！根據個人四十年的觀察：國軍主事者對軍事教育瞭解又重視的不多，因此輒把軍校校長當人事調節的位置，人來人去像走馬燈一樣成為常態，見怪不怪，更糟糕的是：這些人大多不肯虛心學習，自以為官大學問大，亂下指導棋，對於前任的政策任意修改或推翻，課程和管理一直飄浮不定，教職員和學員生經常須要適應新校長的不同政策與風格，如何專心辦學？既然校長是過客、五日京兆，那有什麼永續經營培育的概念與打算？尤有甚者，把校長乙職當作升遷的敲門磚，教育資源濫用於與學校教育完全無關的表面工作，師生將寶貴的時間和精力，浪費在無謂的行政事項，也就不足為奇了。

　　我在南部某軍校服務時，發現教官和學員生正課不上，都在搞後山的教練場地，美其名是要執行「教練場地公園化」，以致畢業的學員生軍事專長非常生疏，遭到部隊的抗議。個人對此非常在意，我認為教練場地只有「擬真化」不必公園化，因為全世界任何部隊會選擇在公園裡打仗的機率不高，更何況師生的本務是上課，不是種樹、割草、夯土堆坡崁。如此簡單教育概念的貫徹，就花了九牛二虎之力，和官生溝通，還得罪了位居要津的前校長，但我自認問心無愧，也就不在意了。

　　我認為：軍校教育，是一個軍士官幹部奠基造型最重要的階段。軍校「為用而育」，在教育任務與目標，與一般大學或技職院校迥然有別。軍校的教育紮實專業，學生下部隊勝任愉快，基層得以穩固，

意外事件自然減少；反之，學校教育馬虎，學員生在校打混，被灌輸的觀念錯誤、偏差，下了部隊胡整亂搞，軍中不出事也難。如何辦好軍事教育？道理很簡單，摒除「讀過軍校就懂軍事教育」的想法，尊重軍事教育是一種專業，找對人主其事，捨得投入最優秀的幹部辦學，願意給予足夠的人力、物力與資源，最重要是要捨得付出足夠的時間去培植這些幹部，生而知之的天才畢竟是少數，六週的入伍訓練，要訓練一個成熟的戰鬥兵，是一廂情願的掩耳盜鈴；半年的養成教育，要培育一位稱職的基層幹部，更屬緣木求魚，強人所難。這種望其速成的做法，揠苗助長，對當事人是一種殘忍，對部隊更是一種凌遲，層出不窮的軍紀安全事件，像燒不盡的野火，勢必成為軍隊循環不息的噩夢。

　　建軍備戰的根本在教育，以國軍之現況，必須面對現實，從根救起，根之所在，就是軍事教育。根爛了，滿樹蒼翠，終將歸於枯槁，根活了、健壯了，即使百年老樹，也將生機昂然。道理很簡單，但如何放下急功近利的思維，步步踏實去實踐，並不容易，必須劍及履及有所作為。

三、支持強化戰備訓練

前年（2022），有媒體報導「陸軍要求多項戰訓，引起基層反彈抱怨」，網路爭論不休，不乏一知半解，但求博取流量之酸民。在電子媒體的談話性節目中，也有一些名嘴或民意代表，紛紛發表高見，唯部分見解，顯有嘩眾取寵、不明事理之嫌，令人遺憾。我相信所謂反彈、抱怨的「基層」，應屬少數，且係對戰訓課目的重要性與訓練目的認識不清所致，實有加強溝通之必要。

◎陸軍官校學生體能戰技課程：刺槍術對刺。

眾所周知，訓練是戰力的源泉，「平時多流汗，戰時少流血」，在敵情威脅深重，軍隊迭遭批評為「草莓兵」之際，陸軍加強訓練的強度，確有其必要，是一種負責任的作為，應該獲得國人的肯定和支持。至於強化戰訓課目必要性的爭議，個人願就本身在軍旅生涯之經驗與體會，提供拙見如次：

　　第一、部隊該不該實施刺槍術訓練？反對者經常以「技術制勝論」為論據，認為人類已經進入第三波戰爭，科技主宰戰場的勝負，拼刺刀的機會不多，實施刺槍術訓練，不符實際，是浪費時間。事實上，刺槍術是近身搏鬥的總稱。無論科技如何進步，那怕現代戰場五代戰機臨空，飛彈、無人機滿天飛，戰甲車橫行，火箭彈遍地烽火，除非不戰而降，否則地面決勝同樣會出現刺刀格鬥等近身戰鬥，甚至刺刀戰決定勝負的纏鬥。君不見邇來俄烏戰爭，雙方在巴赫姆特、馬里烏波爾等地的戰鬥，皆進行激烈巷戰、坑道戰和戰壕爭奪戰，血肉橫飛，屍體枕藉。近期以色列和巴勒斯坦哈瑪斯在加薩走廊的戰爭，哈瑪斯運用近戰與坑道戰，和兵火力居於輾壓式絕對優勢的以軍周旋，迄今仍處於僵持狀態。而近戰、巷戰和坑道戰，雙方交纏，彼此犬牙相錯，飛機、戰車和大砲已無用武之地，唯靠近身搏鬥，刺槍術即是非常重要的殺敵手段。加強訓練，可以備不時之需。

　　臺澎防衛作戰，進入國土防衛階段，我方在不得已時，必須倚托城鎮、山地與叢林作戰，此時為拒止進犯之敵，近接格鬥的機率很高，前瞻未來戰場境況，理當有所準備。此外，拚刺刀等近身搏鬥的本質，是一種戰鬥精神和軍人血性的培養，由信仰、膽量和勇氣匯集而成，是以，刺槍術的訓練，已不僅僅是戰技訓練，更是一種精神、意志和團隊凝聚力的錘煉。

　　此外，世界各軍事強國，包含中、俄、英、日和美軍（部分）都保留刺槍術的訓練，俄羅斯的軍隊中，甚至保留了以工兵鏟搏鬥的訓練課目。而在中外戰史上，更不乏以近戰格鬥扭轉戰局的例證。譬如：抗戰時的「石牌保衛戰」，係國軍為克服海、空軍劣勢，採取貼近日軍實施白刃戰，以弱勝強獲得勝利，被稱為「二戰中最大刺刀戰」。

美伊戰爭（又稱第二次波灣戰爭）也曾發生英軍「全體上刺刀，和敵人打近戰，用刺刀衝鋒殲敵」，以寡擊眾獲得勝利的戰例。

　　第二、部隊該不該實施五百公尺障礙超越訓練？部隊戰鬥時，主要靠運動與射擊連繫接近敵軍，予以殲滅。五百公尺障礙超越，全副武裝帶槍實施運動，綜合了三行四進（側行、爬行、潛行；伏進、滾進、躍進、便步行進）及攀爬、跳躍、平衡等所有的動作，更需要配合個人臨場反應、全身肌肉爆發力等要素，是最具整合效益的高強度訓練課目，也是最適用戰場環境的體能戰技。現代戰爭，前線與後方的界線已經非常模糊，因此，本項訓練對所有地面部隊都適用，不因其為戰鬥部隊、戰鬥支援部隊或勤務支援部隊而有所不同。

◎陸軍官校學生部隊閱兵分列式（資料來源：軍聞社）。

　　本項訓練在多年前，可能因為較具危險性，或其他原因，被當時的長官叫停，令人扼腕。如今，陸軍肯冒訓練風險恢復該一訓練，有擔當、勇於負責，令人欽佩。據個人瞭解：前司令徐上將是愛護部屬的好長官，其決定必然是歷經深思熟慮，有利提升部隊戰力與官兵戰場存活率。徐先生文才武略兼備，年輕時各項體能戰技莫不在行，但要求司令親自跑一趟五百障礙超越，才能要求部隊，是不明白分官設職各有所司的道理，顯有未當。

　　第三、要求幹部廣讀兵書和名將傳記有錯嗎？軍以戰為主，戰以求勝為目的，軍人研讀兵書、熟記準則，吸取前人智慧，融會貫通，靈活運用以克敵制勝，是本務，更是職責所在，何錯之有？詳讀名將傳記，是站在巨人的肩膀上，看得更高更遠。從傳記對名將們的是非成敗、功過得失，戰略戰術思想的評價，他們在戰況危殆之際，如何化危機為轉機作為的記載，我們得以見賢思齊，有效增進自己的軍事素養，何樂而不為？中外歷史上，苦讀戰史、精研兵書，建立不朽功勳的名將，俯拾即是，最有名者莫過於法國名將拿破崙。至於研讀後寫心得，抽籤報告，是一種考核幹部，培養並拔擢人才的重要手段，否則怎麼知道誰是幹才，誰是不堪造就的朽木？已故行政院長郝柏村先生擔任陸軍總司令和參謀總長時，敦聘三軍大學老老師出試題或設計想定，無預警召集上校階以上主官管會考，據以瞭解重要幹部識見，評定其優劣，做為用人參考。陸軍用此方式督促幹部讀書、考核幹部優劣，有何不妥？

　　總而言之，前陸軍司令的上述作為，是一種強化部隊戰力、洗刷部隊汙名的有效措施，陸軍全體袍澤應該體認司令部的苦心，共同奮鬥，為斯土斯民犧牲奉獻。全體國人不分黨派畛域，也應全力支持陸軍和國軍在戰備訓練上的努力。陸軍加油！國軍加油！

四、論軍校校長任用資格問題

今天（2022 年 10 月 17 日）在某新聞網看到一則消息，報導「某政黨數位立委連署，日前提案修改『軍事教育條例』第八條條文，要求現行各級軍校校長、副校長與教育長，改適用於規定各級一般文學校校長的『教育人員任用條例』，擔任三長除須有碩、博士資格，或有教授行政工作資歷，『曾任政務官兩年以上，並具有教授資格，成績優良者』，也可出任軍校三長職務。」個人讀後驚駭不已，這種作法，是對軍事學校特性毫無瞭解嗎？還只是為了達成政治目的，不惜摧毀軍事教育，自毀長城？

個人長時間在軍校服務，於母校陸軍官校擔任過排、連長、戰術教官、學生部隊指揮官；三軍大學計考科副科長、校長室主任；國立陸軍高中（原士官學校，現升格更名陸軍專科學校）校長；國防大學教育長；陸軍步兵學校校長等軍事教育職。擔任國防部人事次長時，也主管軍教業務，對國軍各項養成教育與訓練堪稱嫻熟。於任職陸軍官校學生部隊指揮官期間，更曾代表童兆陽校長率領學生赴美參訪西點、維吉尼亞、色岱爾和威爾猛等四大軍校，深入瞭解美國軍事教育特色與優點。個人自認為軍事教育的學經歷涵蓋養成（基礎）教育、進修教育和深造教育等三個層次，尚稱完整，也對國內外的軍事教育略有研究，謹提出個人拙見供有決策權力的高層參考：軍事教育還是讓專業的來，別有用心的覬覦者，可以休矣！

● 就軍校的特性而言

軍事學校的教育目標、任務特性、教育內涵和教育體制，與一般文學校迥然不同，是一個常識問題，否則何必多此一舉成立軍校？

　　軍以戰為主，戰以求勝為目的。軍校教育目標在為用而育，亦即培養能戰敢戰，藉以殲敵求勝的幹部。教授和政務官沒有完整的部隊經歷，如何瞭解基層需求？更遑論要掌握軍校教育目標，為軍隊培養符合需求與標準的優秀幹部？

　　此外，軍校教育體制及其內涵，也與一般文學校完全不同，軍校除了大學教育外，還有軍事教育（訓練），以及校園環境給予的領導統御、軍人氣質陶冶與內部管理等教育。因此，軍校體制除校部外，一般區分三個部分：即大學部、軍訓部（或稱總教官室）和學生部隊指揮部，分別負責上述的教育或訓練，由校長總綰其事，全般指導。很難想像一個沒有受過完整軍事教育，缺乏軍事歷練的校長，除了大學課程外，如何去指導軍事教育、陶冶學生的軍人氣質，並傳授有關各層級部隊的領導統御要領？軍事教育是一項專業，受過完整軍事教育的軍官，未必能辦好軍校的教育，更何況是完全外行的大學教授或政務官？

● 就軍校校長的角色而言

　　個人參訪美國西點軍校時，曾晉見該校校長，好奇請教校長的角色和工作，他略帶嚴肅的回答：「除了主持校務，我每天需要服裝整齊，佩戴戰功勳表，精神抖擻地走在校園裡，讓學生們都看得見。」由此可知，軍校校長不僅是一校之長，要有指導校務的本職學能，他也是全校學生的標竿，是所有未來軍士官們養成的典型、奠基造型的模範，更是他們漫長軍旅生涯奮鬥追求的目標。

　　此外，軍校自養成至深造教育，課程設計等教育內涵，特別講求上下貫通、橫向協同，重疊而不重複。因此，校長在策訂教育計畫時，除了掌握本身階層的教育重點，更要瞭解其他層次的教育。而在講求聯合軍兵種作戰的現代戰爭中，甚至必須熟稔不同軍種、兵科的教育

訓練，才能協調整合，培植三軍聯合、兵種協同的作戰默契，不會形成軍事教育的孤島。一個不瞭解各軍兵種特性的教授和政務官，如何來指導如此複雜的教育計畫？難道就只是來管管政治教育，或拆掉蔣公銅像與修改校旗、校歌？

● 就世界主要軍校校長的任用而言

就個人淺薄的觀察，世界各國主要軍校校長的任免，有其嚴謹的做法與傳統。國立軍校的校長，都係現職的將領或總士官長（美軍）；州立或私立軍校的校長，則多延聘退役或備役的將領。個人到美國參訪，其時西點軍校校長是現職中將，維吉尼亞軍校（州立軍校）校長是備役中將，我沒有見到色岱爾（州立軍校）和威爾猛軍校（私立軍校）的校長，但這兩所軍校重要的主事者，也都是退伍軍人。我相信美國海軍官校、空軍官校等軍校校長一定也都是現職軍人。我國軍校體制，率皆仿效美國，個人難以理解，何獨軍校校長等重要職務要另闢蹊徑，任用教授與政務官？難道不怕招人非議？

● 就國軍政治中立立場而言

根據中華民國憲法第 138 條「全國陸海空軍，須超出個人、地域及黨派關係以外，效忠國家，愛護人民。」139 條「任何黨派及個人不得以武裝力量為政爭之工具。」自民國八十九年（2000）第一次政黨輪替以來，國軍輒受朝野兩黨的夾擊，甚至只要發生個別軍紀安全事件，各種惡毒的攻訐就會紛至沓來，但概能恪守政治中立立場與分寸，各軍校的教育也都能以此教育學生，並無逾越。至於校歌歌詞有其歷史意義和淵源，與政治中立無涉。

政務官和特定教授本具鮮明政治立場和色彩，渠等擔任軍校校長等重要職務，無疑將會把黨派的政治鬥爭引入國軍，根本無法取信在野黨和全國國民。何況，軍隊失去原本的政治中立純淨環境，將永無寧日矣！

屆時內鬥不已，再談什麼親愛精誠、團結合作，都是空話！一個互相猜忌、各懷鬼胎的部隊，如何發揮統合戰力、克敵制勝？

● 就軍校兼任的戰備任務而言

各軍事學校都承擔部分戰備任務，平時編成後備部隊，負責後備軍人教點召，動員裝備保管與檢整；戰時動員編實，實施臨戰訓練後，擔任第一線守備或關鍵設施、重要地域的防護。校長或高勤官都身兼後備部隊的指揮官或重要職務，文職政務官和特定教授們，未曾受過嚴謹的軍事養成教育、進修教育和指參、戰院等深造教育，如何帶領部隊執行任務？總不能別人在教點召時，校長等高管躲在冷氣房喝咖啡，無所事事。戰時，全校官師生兵，都要編實開拔到戰場，這些文職校長能做些什麼呢？參與作戰？或躲得遠遠的，等打完仗再回來繼續幹校長嗎？顯有未洽。

● 就當前國家處境言

邇來國際局勢詭譎多變，海峽兩岸對峙日愈尖銳，國家處境艱困，國軍面對的敵情壓力沉重。執政黨此時此刻不思如何鼓舞官兵戰志、激勵士氣，反而推出修改「軍事教育條例」的法案，要以政務官和教授取代現職軍官出任軍校校長等重要職務，是懷疑現職軍官對國家的忠誠嗎？還是否定他們的專業能力？在臺澎金馬面臨數十年來最危險的軍事威脅下，我們執政黨難道沒有更緊要的事要做嗎？三軍統帥同意他們這麼做嗎？！思之憮然。

以上個人淺見，純粹基於一個軍事教育老兵、退伍榮民的經驗與專業，沒有任何黨派或意識形態立場，謹供三軍統帥、國防部暨有決策權力的人參考。有不同看法者，可以理性討論，畢竟這不是一件小事。至於一四五零網軍，就暫時休兵吧。

五、堅持專業贏得尊重

作為一個退伍軍人，我關心國軍，掛心國軍，更對國軍近來面對的處境極為憂心，特不揣淺陋，提出建言，希望國軍能夠革新，以專業的堅持贏得國人的尊重。

◎發揚黃埔犧牲、團結、負責的黃埔精神，堅持軍事專業，以贏得尊重。

● 只有專業的堅持，才能贏得尊重

日前一位任職中央單位的學弟，私下對我感嘆政府高層不尊重軍人，甚至刻意貶抑軍人，語多沮喪。再看爾來社會氛圍，迭有民代、媒體或網路酸民藉著各種名目羞辱軍人或退伍軍人，在在都使我不平而憤慨。尤其是多年前（2015年）十月初我叔公黃廷川將軍病逝，臨終前，個人前往探視時，他仍憂國憂民、痛心軍人地位的崩落，這更讓我有了很多的反省。國軍究竟怎麼了？

　　午夜夢迴時，我常常在想：當年我們滿腔熱血投筆從戎，軍校畢業後，本島、外島流轉，山巔海陬飄泊，棄家庭別妻兒，忍酷暑嚴寒，耐飢餓操勞，戰備演訓、救災救難無役不與，念茲在茲的都是國家興亡、人民福祉，為什麼所換得的竟是如此不堪的負面評價？馬政府一場「買官賣官案」鋪天蓋地的大清查，重創高階幹部形象，嚴重動搖部隊的三信心和領導統御威信；而「洪仲丘猝死案」更讓各階層的軍人、軍眷，榮民榮眷，蒙受前所未有的羞辱與打擊，甚至連軍法制度都被全面毀棄解體。

　　我不瞭解國軍甚或政府高層是否曾經針對這一連串的事件，做過全面性深入的檢討，謙卑的面對事件發生的遠因與近況。我認為：「冰凍三尺，非一日之寒」，軍人負面形象的形成，絕非短時間所造成。我難以忍受社會許多對國軍偏差惡意的批評和攻訐，但是也認為有必要誠實的面對自己，瞭解根源所在，釜底抽薪改進以往的缺失，軍人的榮譽與形象才有可能重新建立。如何改進？我以為必須從軍中文化與風氣的改革著手。

　　改革軍中文化與風氣，重建軍人的社會形象，是一個重大而嚴肅的課題。個人以退伍之身，不揣淺陋，謹提出四十餘年軍旅生涯幾點觀察和意見，供在職的學弟妹們參考，希望大家在各自的崗位上發揮影響力，從各個層級加以變革，而不是自怨自艾或像我一樣鬱抑憤慨。「拳拳相勉無他意」，只是希望大家可以抬頭挺胸宣稱自己是軍人，社會對軍人有更多的尊重與崇敬，國軍有更美好的明天。

● 堅持軍事專業立場

　　軍人以保國衛民為職志，服從文人政府的領導，國防政策的制定，牽涉廣泛，勢必引起國人矚目。政客有其政治上的利益與盤算，軍人固然不能與之唱反調，但在制定過程中，必須善盡意見具申的責任，就軍事專業做利弊分析，提供最有利於國家社會的行動方案，絕不能犧牲軍事專業、揣摩上意噤聲屈從，更不可為錯誤的政策找理由，編假數據自欺欺人，替政客卸責。否則屆時錯誤政策所造成的後果逐漸顯現，政客把責任推得一乾二淨，國人瞧不起軍人的軍事專業素養與擔當，而認為「你為了保官位，一點原則也沒有！」整個軍人的形象就此葬送，最嚴重的還是背棄了投身軍旅「愛國家、愛百姓」的誓言，導致國防安全受到重創。譬如：義務役役期在民粹操弄下，一再縮短，導致訓不成訓，戰力嚴重流失；某些制度（如募兵制）的改革，明知條件不足、後果難料，卻硬推上路；以及一些違反軍事倫理與法規的人事案，粗暴的擠上檯面。面對政客推動這些政策和工作，我們有沒有明確的表達專業的判斷與立場，留下嗣後可供調查與評價的紀錄？還是迎合上級、粉飾太平，製造一些不實的數據欺瞞國人？假如我們怯懦到無法抗拒一些明顯不合理、有違法規與專業的政策與人事、採購案件，如何使下級信服並贏得國人的尊重與肯定？如何坦然面對排山倒海而來的批判和羞辱？

● 破除績效暨形式主義

　　軍人在服務軍旅過程中，一定有一種非常不愉快的經驗，那就是逐級預習、預檢或預報。以國防部為例：一個簡報自承參完成，可能要歷經處長、次（室、局）長、常次（副總長）、副部長（總長）的多次預報，才能向部長提報，打對靶還OK，萬一各級主持預報的長官，都沒猜中部長的答案，最後被全盤推翻，一切從頭再來，浪費人力、時間與資源，有些長官為了彰顯「天威難測」，甚至簡報尚未開始，即拍桌拂袖而去，一切白做工。在部隊，一個長官視導，自連營以迄聯兵旅、軍團、司令部，也是提前再三預習，弄得人仰馬翻，怨聲載道。更別提「漢光演習」這種年度重大的演訓，早在半年多以前就反覆預演。這種不惜人力、時間成本，為追求完美、不容一絲一毫差錯的作法，讓基層極為反感，直覺認為是「作假」。而部分實兵演練課目，為求好看「具有視聽效果」，常枉顧實戰情景，扭曲原有目的，形成一種「作秀」，甚至是軍事大拜拜。我曾親眼目睹某次大型部隊戰力展示，為了製造聲光效果，把一堆精準武器集中在小小的港灣內，不僅違背疏散隱蔽的要求，且因雷達相互干擾，造成很多飛彈射擊脫靶，求榮反辱，反而被媒體大肆抨擊、揶揄。試想假如你設計的目的就是要「表演」，別人當然也不會以「訓練的標準」實施評價，誰要花時間來看、來轉播飛彈脫靶表演呢？更何況是向後轉的危險「暴衝彈」。

　　早年，國防部推動所謂「無缺點計畫」，大悖「人都會犯錯」的人性，在評比壓力及績效掛帥的狀況下，國軍虛偽造假之風大熾，其流毒遺禍至今。本期同學歷練連級基層主官任內，正值該運動如火如荼實施之際，當然也是虛偽造假最盛之時，三、四、五年級役男當年印象應該極為深刻，難以抹滅。二、三十年後，這些人都成為社會的

中堅，是企業高管，位居政府要津或中央民代，甚至高踞三軍統帥之位，試想他們對軍隊會有好印象嗎？往昔錯誤的政策與要求，導致的後果，即是今日外界認為「軍中擅長虛偽造假」、「凡事報喜不報憂、瞞上欺下」等負面批評不斷的主因，更是各種意外傷亡事件處置，普受質疑的原由所在。

個人認為：國軍人事日愈精簡，參謀作業應走前副部長林中斌先生提倡的「簡明風」，簡單、明確、樸實，不求排場，不作虛功。參謀作業前，權責主官先集合承參及其主管等相關人員，做明確之參謀指導，依照正確的思維理則研究，凝聚共識，摒除揣摩上意，避免走冤枉路。三個臭皮匠（裨將），勝過一個諸葛亮，官大未必學問大，集眾人智慧，勝過一人獨裁。此外，撰擬對外之重大報告，應編成專案小組，先確立大綱，做好方向定位，然後撰稿。研討時，壓縮層級，直接由部長或代理人主持，要求所有與會者預先研讀、鼓勵踴躍發言，而非做壁上觀，出席只是去背書，如此既可節約人力、時間，又有利於達成任務。

至於各種演訓，必須落實駐地、專精和基地訓練，循序漸進，步步踏實，紮實做好基本功，測驗（驗收）摒除作秀心態，更不容作弊。成績過關固然可喜，未過關檢討改進重於懲處，應虛心檢討，找出失敗原因究竟是天候、裝備還是人為因素，積極針對弱點加以補強，戰力自然可以提升。反之，如果諱病忌醫，想以邪門歪道過關，不僅破壞風氣，更為官兵所不齒。長官視導演訓，主在指導、慰勉和鼓勵，協助排除演訓窒礙問題，不是看表演、耀武揚威，千萬不可早上視導完讚揚演訓是一百分，外界或媒體一有負面批評，晚上就降為零分，那對部隊既不公平，也容易造成官兵無所依循的怕事心態。各級幹部

應該要認知：演訓不可能沒有缺點，其過程就是要找出缺點加以改進。

　　當部隊演訓或管理發生問題，甚至軍紀安全出了狀況，高階主官管要及時出面指導適當處理，掌握真實狀況，坦誠面對，依法依規定辦理，不要遮遮掩掩，切莫推諉塞責，以免為了掩蓋一件事實，衍生更多的問題，嚴重斲傷部隊形象與國人對軍隊的信任。

　　軍隊的文化與風氣須要改善者，當然不只上述所言，所列各項亦屬個人之體會與心得，良藥苦口利於病，忠言逆耳利於行，希望有助於國軍的改革。回顧個人十八歲進官校，五十九歲中將停年屆滿退伍，人生最菁華的四十年歲月都奉獻給國家和軍隊，我的先期學長、目前在職的同袍們亦莫不如是。我們感謝國家的栽培，也付出最寶貴的青春歲月，國家沒有虧欠我們，但我們也沒有對不起國家和人民。看到國軍近年處境與問題，國軍確實是有缺失待改進，但那絕非羞辱、貶抑或輕視軍人的理由。身為軍人，我們比任何人更坦蕩而光明，俯仰無愧於天地之間。我們應該誠懇呼籲國人，在國家處境艱難之際，無論任何黨派、身分，請給予軍人應有的尊重，並賦予國軍可以達成任務的資源，是則國軍甚幸，國家甚幸。

◎踏著黃埔先烈的腳步前行，忠於國家、愛護人民是我們永矢不渝的志節。

六、從共諜案談軍人的價值判斷

　　日前報載一位我所熟識的陸官學弟捲入共諜案，個人深感震驚。我所震驚的，不僅因為他是一位將領，也不只是他曾歷任諸多軍中要職，而是他跟我一樣曾經擔任過軍校養成教育的學生部隊指揮官。假如他的案情查證屬實，則他所帶過的學生，對於當年在司令台上侃侃而談「忠貞愛國」的指揮官，居然是一個口是心非、表裡不一的叛國份子，將有何感想？面對昔日所受的教育要如何自處？案情已經進入司法程序，不宜妄下定論或多談，內心更深深期盼那是一場誤會而不是真的。

◎早年黃埔賓館與思親亭。

　　我在官校擔任過排、連長、教官和學生部隊指揮官,也擔任過士校及步校的校長,深切瞭解本身職務對學生教育所扮演的典範作用。因此,除了在校時嚴謹自律,離開學校下部隊歷練各種職務,個人也都謹言慎行,不敢稍有放縱輕浮。因為帶過的學生分布各部隊,我的任何動向(無論好的還是負面的)都會迅速的傳遍全軍,那是一份品德與道義的壓力,如今自己雖然退伍了,仍然覺得那個壓力無所不在。

◎民國八十六年母校七十三週年校慶,作者擔任典禮指揮官。

　　我認為軍人最重要的使命與可貴情操,是忠於國家,愛護人民,在國家危難之際,拋頭顱灑熱血,義無反顧。捨棄了這項職責與操守,軍隊就喪失存在的價值,軍人更將為國人所唾棄。而培養這種情操與氣節的根源,則在正確的價值判斷,也就是明確認知軍人的核心價值所在,清楚義利之辨,這些認知與判斷,早在官校奠基造型的養成教育即已確立。

十幾年前，我帶過的一位學生在部隊因公殉職，我非常難過；但更傷心的是：我看到他的未婚妻（或女友）在媒體前哭訴，說這位軍官答應結婚後，立志讓她當上將軍夫人。看完那段新聞，我深切的做了自我檢討，是不是我在官校時教導他錯誤的價值觀？以致產生不正確的價值判斷和選擇？否則何以至此？個人非常反對士校畢業的將領回到母校擔任校長，也不認同士校每年的傑出校友表揚，專找一些退伍在外事業有成或轉任軍官晉升將軍的校友，而獨漏部隊表現優異的士官。其原因不是認為退伍或轉任軍官的傑出校友不該受到肯定或表揚，而是這種作法會混淆士校同學們的人生觀與價值判斷，悖離士校的教育目標，使軍士官雙軌發展的前景更加暗淡與遙遠。

◎原黃埔軍校大門楹聯最正確的詞句，上聯是「升官發財請往他處」，下聯為「貪生畏死勿入斯門」，橫披是「革命者來」（資料來源：黃埔校史館）。

　　從我進官校開始，就發現有相當多的軍官非常信服馬基維利的「獅狐哲學」，認為軍人為了戰勝敵人，可以「不擇手段」，並且延伸到平日的各種軍中事務，以致造成軍隊「績效主義」、「形式主義」當道，經常因為績效或升遷，為達目的不擇手段。這也是虛偽造假不能根絕，爆料文化橫行無忌的病根所在。事實上，國軍所有的準則，從未揭櫫「為達目的不擇手段」以求勝的相關條文，而是要求「盡所

有手段」、「盡諸般手段」，這種說法就有選擇性的價值判斷在內，而非盲目、魚死網破的「不擇手段」。

軍事教育從養成到深造，都致力於人生哲學到戰爭哲學的教育，強調「生與死」、「仁與忍」、「常與變」及「戰爭與和平」的慎思明辨，這些基本觀念絕非老生常談，而是軍人最重要的價值判斷，有了正確的價值判斷，才能對國家矢志忠誠，愛護人民，真正瞭解為何而戰、為誰而戰？！各位在職的學弟妹們！忠貞愛國，是軍人最核心的價值，無論國內外局勢如何變化，那都是我們贏取絕大多數國人信任與尊重的憑藉，應該永矢弗諼。而退伍的老長官、老戰友們！也請給所有在職的後進們樹立一個可資遵循的典範吧！

◎校長親授校旗隊予校旗。

國家圖書館出版品預行編目資料

鳳山黃埔舊事 / 黃奕炳著 . -- 初版 . -- 臺北市：
博客思出版事業網, 2024.06
面；　公分
ISBN 978-986-0762-88-4(平裝)
1.CST: 黃奕炳 2.CST: 軍人 3.CST: 傳記
783.3886　　　　113005715

現代散文 22

鳳山黃埔舊事

作　　者：黃奕炳
書法題字：鄭有諒　李豐池
主　　編：楊容容
編　　輯：陳勁宏
美　　編：陳勁宏
校　　對：楊容容　古佳文　王素真　沈彥伶
封面設計：陳勁宏
出　　版：博客思出版事業網
地　　址：臺北市中正區重慶南路 1 段 121 號 8 樓之 14
電　　話：(02) 2331-1675 或 (02) 2331-1691
傳　　真：(02) 2382-6225
E - MAIL：books5w@gmail.com 或 books5w@yahoo.com.tw
網路書店：http://5w.com.tw/
　　　　　https://www.pcstore.com.tw/yesbooks/
　　　　　https://shopee.tw/books5w
　　　　　博客來網路書店、博客思網路書店
　　　　　三民書局、金石堂書店
經　　銷：聯合發行股份有限公司
電　　話：(02) 2917-8022　　傳真：(02) 2915-7212
劃撥戶名：蘭臺出版社　　　帳號：18995335
香港代理：香港聯合零售有限公司
電　　話：(852) 2150-2100　　傳真：(852) 2356-0735
出版日期：2024 年 6 月 初版
定　　價：新臺幣 350 元整（平裝）
ISBN：978-986-0762-88-4